삶의 해답은
언제나 나를 찾아온다

THE TEN THINGS TO DO WHEN YOUR LIFE FALLS APART
By Daphne Rose Kingma
Copyright©2010 by Daphne Rose Kingma
Original English language publication 2010 by New World Library,
California, USA

All rights reserved.
No part of this publication may be used or reproduced in any form
or by any means without written permission except in the case of
brief quotations embodied in critical articles or reviews.
Korean Translation Copyright © 2025 Terracotta

이 책의 한국어판 저작권은 BC에이전시를 통해 저작권자와 독점계약한
테라코타에 있습니다. 저작권법에 의해 보호를 받는 저작물이므로
무단 전재와 복제를 금합니다.

삶의 해답은
언제나 나를 찾아온다

대프니 로즈 킹마 지음

김정홍 옮김

테라코타

시작하는 글

여기가 끝이라고 생각하는 당신에게

"인간은 나약한 존재가 아니며 결코 그랬던 적도 없다.
단지 잠시 방향을 잃거나 무언가에 현혹되거나
낙담하는 순간이 있을 뿐."
_ 노먼 커즌스

이 책을 집어 들었다는 건, 지금 당신이 지독하게 힘들다는 뜻일 것이다. 그래서 먼저 이 말부터 전하고 싶다.
"당신만 그런 게 아니에요."
지금, 이 글을 쓰기 직전에도 나는 죽고 싶을 만큼 괴롭다는 친구에게 전화를 걸어 '살아 있는지'를 확인해야만 했다. 똑똑하고 매력적인 데다 모두가 부러워할 만큼 성공한 친구였지만, 시련이란 게 어디 사람을 가려서 오던가? 그동안 수많은 사람을 상담해 오면서 내가 얻은 결론은, '시련을 겪지 않은 사람은 이제 막 태어났거나 이미 세상을 떠난 사람뿐'이라는 것이었다.

누구나 인생에서 죽느냐 사느냐의 위기를 맞는다. 어떤 사람에게는 그런 위기가 태풍처럼 한꺼번에 몰려오고, 또 어떤 사람에겐 파도처럼 차례차례 끝없이 이어지기도 한다. 그럴 때 우리가 외치는 말이 있다.

"왜 하필 나에게 이런 일이 일어난 거지?"

얼마든지 일어날 수 있다. 늘 온화하고 다정했던 삶이 갑자기 무시무시한 괴물처럼 느껴지는 순간은 누구에게나 찾아온다. 그리고 시련의 소용돌이에서 허우적거릴 때는 눈앞에 나타난 거대하고 흉측한 괴물을 어떻게든 밀어내려고 안간힘을 쓰게 마련이다. 그러면서 스스로 희망 고문을 시작한다. 내일이면 상황이 바뀔지도 몰라, 어딘가 해결책이 있을 거야, 내가 잘못 본 거겠지….

하지만 다시 눈을 떠도 현실은 여전히 그대로다. 일어날 일은 일어났고, 저절로 문제가 풀리거나 기적이 벌어지지도 않는다. 변하지 않는 현재 상황과 혹시나 눈앞의 악몽이 거짓말처럼 사라지지 않을까, 하는 희망 사이를 수도 없이 오가는 동안 우리의 혼란과 고통은 점점 더 깊어진다. 마치 머리끝까지 물에 푹 잠겨 질식할 것만 같다.

하지만 이대로 죽을 수는 없기에 우리는 미친 듯이 허우적거린다. 지푸라기라도 잡는 심정으로 대응책을 찾고, 익숙하지 않은 방법을 시도해 보거나 심리적 압박감에 밀려 쫓기듯 행동한다. 그러나 그 모든 고군분투가 아무런 도움이 되지 않는다면 어떻게 해야 할까? 상상도 하기 싫었던 최악의 상황이 실제로 닥친다면? 그땐 어떻게 다시 일어설 것인가? 무너진 가슴은 어떻게 회복할 것이며, 잃어버린 것들과 떠나간 사람은 또 어떻게 되찾을 것인가?

이때쯤 되면 우리는 결국 허우적거리던 손을 내려놓게 된다. 이미 눈앞의 세상은 내가 알던 그 세상이 아니다. 내가 알던 방식으로는 이 역경을 헤쳐 나갈 수 없을 것 같다. 기존의 사고방식과 가치관, 그리고 익숙했던 해결책들은 더 이상 아무 소용이 없다. 그래, 그렇다면 깨끗하게 포기하자. 이 지긋지긋한 삶이여, 안녕….

제발 당신이 이 정도 상황까지 오지는 않았기를 바란다.

이 책은 삶이 너무 버거워서 차라리 모든 것을 포기하고 싶은 사람들을 위한 책이다. 가슴을 후벼파는 슬픔과 지독한 상실감, 끝 모를 절망 때문에 차라리 삶을 놓아 버리고 싶겠지만, 잠시 귀 기울여 보자. 어쩌면 지금도 마음 깊은 곳을 찬찬히 들여다보면, 스스로에게 이렇게 묻고 있을지도 모른다.

"이 모든 시련에는 어떤 의미가 숨어 있지 않을까?"

만약에 당신에게도 이런 질문이 떠올랐다면 제대로 짚은

것이다. 삶이 당신에게 듣고 싶어 하는 질문이기 때문이다. 결론부터 말하면 눈앞의 시련은 삶이 당신에게 보낸 전령과도 같다. 알맹이를 보려면 포장지를 뜯어야 하듯이 삶이 건네는 진짜 메시지를 보려면 시련을 들여다봐야 한다.

이 책은 곤경에서 벗어나는 꿀팁이나 일반적인 해결책을 다루진 않는다. 그 정도의 수단으로 해결할 수 있는 문제라면 시련 축에도 끼지 못한다. 우리는 죽느냐 사느냐의 갈림길에서 어떻게든 살아남는 방법을 찾는 것에 그치지 않고, 그 시련에 담긴 진짜 의미를 해석하여 한 단계 높은 차원으로 올라설 수 있는, 일종의 영적 성장에 대해 다루게 될 것이다.

잠깐, 혹시 이 글을 읽고 있는 지금, 이 순간에도 후회와 자책에 휩싸여 있진 않은가?

"왜 그 위험한 주식에서 돈을 빼지 않았을까?" "왜 지하실에 물이 들어오기 전에 모래 포대를 미리 준비해 두지 않았을까?" "그때 집을 팔아 버릴걸 그랬어." "남편이 바람을 피우는 걸 어쩌면 이렇게 멍청하게 몰랐을까?" "아이가 그렇게 머리가 아프다고 호소했는데 왜 진작 병원에 데려가지 않았을까?"

이런 후회와 자책이 일어나는 것은 두 가지 가정 때문이다. 하나는 불행을 미리 막을 수 있을 만큼 자신이 똑똑해야만 한다는 가정이고, 또 하나는 어떤 상황을 만나더라도 그 문제를 해결할 수 있어야 한다는 가정이다.

하지만 우리는 신이 아니다. 진짜 시련은 우리가 현실을 통제할 수 없다는 사실을, 적어도 완전히 우리 마음대로 조종할 수는 없다는 사실을 일깨운다. 이처럼 시련이 우리를 도무지 어찌할 수 없는 상황에 몰아넣는 이유는, 이전과는 전혀 다른 새로운 방식으로 자아를 확장하라는 뜻이다. 삶의 마디마디에서 벌어지는 큼지막한 사건들은 감정의 치유와 영혼의 성숙을 위한 중요한 기회인 것이다.

물론 그 과정이 말처럼 쉽지만은 않다. 고통의 터널을 지나는 시간은 누구에게나 두렵고도 힘들다. 하지만 인생이 송두리째 흔들리는 전환점에 서 있는 당신에게 자신 있게 해 줄 수 있는 말이 있다.

"당신은 분명히 그것을 극복해 낼 수 있습니다."

왜냐하면 삶의 해답이 당신을 찾아갈 것이기 때문이다. 삶은 당신이 지금 그 자리에 있길 원한다. 삶을 믿어 보라. 그러면 당신보다 훨씬 크고 높고 신성한 힘이 당신을 반드시 변화로 이끌 것이다. 누가 뭐래도 당신은 축복받은 존재이며, 당신의 인생 역시 고귀한 목표를 지니고 있다.

만일 지금의 시련이 당신 삶의 일부로 준비되지 않았다면 그 일은 아예 일어나지도 않았을 것이다. 바로 그 시련을 통해 당신의 마음이 치유되고, 영혼이 정화되어 한층 성장할 것이다. 그리하여 당신의 인생은 이전과 전혀 다른 새로운 길로 접어들 것이다. 아직은 믿기지 않겠지만 이것은 명백한 진실이다.

지난가을, 유럽에 사는 절친이 나를 찾아왔다. 그는 일과 결혼, 건강 등 여러 면에서 꽤 잘나가는 친구였다. 그런데 웬걸? 오랜만에 만난 그는 한눈에 보기에도 무너지기 일보 직전이었다.

"무슨 일이야? 왜 이렇게 축 처졌어?"

친구는 두 손으로 얼굴을 덮고 볼에서부터 머리까지 천천히 쓸어 올리며 중얼거렸다.

"난 망했어, 완전히."

그는 얼마 전에 직장을 잃었고 아내도 떠나 버렸다. 재정 상태도 파탄 나서 재산이 원래의 3분의 1 이하로 줄었고, 불과 6개월 전에 장만한 새집마저 비워 줘야 했다. 게다가 치명적인 결과를 불러올 수 있는 퇴행성 질환까지 앓고 있었다. 한마디로 삶이 숨겨 둔 함정에 제대로 빠져 버린 것이다. 그는 많은 것을 후회했고 몹시 괴로워했다. 세상 밖으로 혼자 내동댕이쳐진 기분이라고, 인생이 왜 이렇게 엉망이 됐는지 모르겠다며 한탄했다.

친구를 위해 내가 당장 해 줄 수 있는 일이 뭐가 있을까? 별로 없다. 난 그저 친구의 어깨를 토닥이며 이렇게 말했다.

"넌 혼자가 아니야."

나는 그의 팔을 잡아끌고 가을 색 짙어 가는 공원의 숲길로 데려갔다. 우리는 허기질 때까지 마냥 걸었다. 단풍 지는 레스토랑에 마주 앉아 식사하고 자전거를 빌려 하이킹도 했다. 다음 날은 연주회를 관람하고 미술관 개관 행사에 참석했다. 해 질 녘엔 친구 몇 명을 불러 모아 근사한 노천카페에서 함께 만찬을 즐겼다.

사흘째 되는 날, 친구와 나는 근처 사원에 들러 조용히 기도를 올렸다. 이른 시간이라 사원에는 우리 둘밖에 없었다. 잠시 후 옆에서 눈을 감고 말없이 묵상하던 그의 어깨가 조금씩 들썩이기 시작했다. 곁눈질로 보니 두 줄기의 눈물이 콧등에 모여 뚝뚝 떨어지고 있었다. 이젠 그 혼자 있어야 할 시간!

나는 뒷걸음질로 조용히 사원을 빠져나왔다. 등 뒤로 친구의 서러운 울음소리가 그치지 않았다. 나는 친구가 속엣것들을 충분히 게워 낼 때까지 밖에서 기다렸다.

한참 뒤에 그가 밖으로 걸어 나왔다. 울기 전의 얼굴과 울고 난 뒤의 얼굴이 사뭇 달라 보였다. 그는 손수건으로 얼굴에 남은 눈물을 마저 닦아 낸 뒤 쑥스러운 듯 씩 웃으며 내게 말했다.

"대프니, 부탁이 하나 있어."

"뭔데?"

"나, 다음 주에 유럽으로 돌아가거든? 그전에 내가 어떻게 하면 좋을지 몇 가지만 적어 줄래?"

"뭘 적어 달라는 거야?"

"알잖아. 어떻게 하면 이 괴로운 시간을 이겨 내고 삶의 해답을 찾을 수 있을지에 관한 이야기들 말이야. 서너 가지, 아니 대여섯 가지 정도?"

"대여섯 개씩이나?"

"열 개면 더 좋고."

순간, 길 위로 쑥 삐져나온 나뭇가지에 걸려 넘어질 뻔했다. 나는 속으로 생각했다.

'열 가지라고? 이건 너무 어려운 숙젠데? 나더러 책을 한 권 쓰라는 거잖아?'

그날 저녁, 나는 홀로 책상 앞에 앉았다. 그리고 천천히, 한 단어씩 차오르는 생각들을 적기 시작했다. 노트 첫 장에 열 가지 목록이 빼곡히 들어찰 즈음, 창밖에는 어둠이 짙게 깔려 있었다. 자정이 한참 지난 것이다. 처음엔 시련 속에서 몸부림치는 친구를 생각하며 썼지만, 다시 쭉 읽어 보니 결국 나를 위한, 그리고 당신을 위한, 우리 모두의 목록이라는 생각이 들었다.

그나저나 이 열 가지를 뭐라고 불러야 할까? 열 가지 방법? 단계? 실천 사항? 교훈? 해답? 뭐라고 부르든 상관없다. 다만 내 친구처럼 현재 인생의 돌부리에 걸려 넘어진 누구라도 그 힘든 시간을 이겨 내기 위해 꼭 한 번쯤 생각해 봐야 할 것들, 반드시 기억해야 할 열 가지임에는 분명하다.

이 책은 그날, 사랑하는 내 친구를 위해 완성한 열 가지 목록을 하나씩 채워 나간 결과물이다. 내가 이 책을 세상에 내놓기로 한 까닭은, 우리가 겪는 시련이 그저 운명의 뜬금없는 변덕이나 무의미한 습격 때문이 아니라는 점을 꼭 알려 주기 위해서다. 모든 시련과 고통에는 언제나 그 이유와 목적이 있다. 인생이 당신에게 강펀치를 날린 까닭은 당신을 재미 삼아 녹다운시키기 위해서가 아니라 어떤 메시지를 주기 위해서다.

그런데 그 메시지를 받으려면 시련을 등지지 말고 다시

돌아서서 똑바로 바라볼 수 있어야 한다. 미치도록 괴롭고 아프겠지만, 당신이 직시하는 그 고통 속에 답이 들어 있다. 삶은 그렇게 늘 우리에게 해답을 건넨다.

지금 견딜 수 없는 시련의 시기를 지나고 있는가? 당신을 둘러싼 세상이 지옥처럼 느껴지고, 하루하루 살아내는 일이 미치도록 두려운가? 도대체 삶이 왜 이토록 힘든지 알고 싶은가? 그렇다면 이 책이 시련의 폭풍을 헤쳐 가는 당신에게 혼란스러운 감정을 다스리고 삶의 방향을 찾도록 돕는 안내서가 되어 줄 것이다.

나는 이 책이 당신의 내면에 차려진 푸짐한 뷔페가 됐으면 한다. 다양한 요리를 맛보듯이 순서대로 한 단락씩 읽어도 좋고, 통째로 다 읽은 다음 되새김질하듯 마음의 평화를 맛보아도 좋다. 손 가는 대로 아무 페이지부터 읽거나 지금 당장 필요하다고 느껴지는 장부터 펼쳐 봐도 상관없다. 어떻게 읽건 이 여정이 끝날 즈음, 깨닫게 될 것이다. 언제나 삶의 해답은 나를 찾아오고, 그 해답이 이미 내 안에 있었다는 것을.

차례

시작하는 글_ 여기가 끝이라고 생각하는 당신에게 • 004

1 삶을 바꾸려면 먼저 한바탕 울고 시작하라 • 019

울어야 할 때 울어야 하는 이유 | 실컷 울고 나면 왜 삶이 바뀔까? | 이제 그만 훌훌 털고 일어나라고? | 남을 위해 울 수 있는 사람은 더 이상 혼자가 아니다

2 알아채고, 바라보고, 달라져라 • 047

'잠깐의 안식처'에서 '영원한 감옥'으로 | 남을 돕느라 뒷전으로 밀려난 구원자의 꿈 | 술로 감정을 억눌러 왔던 알코올중독자 | 공허한 마음 대신 옷장을 채웠던 쇼핑 퀸 | 나의 디폴트는 무엇인가? | 디폴트의 배경을 이루는 여섯 가지 내면 테마 | 나의 디폴트를 찾아가는 4단계 여정 | 삶을 다시 디자인할 수 있을까?

3 '익숙한 나'와 작별하라 • 087

모든 것이 무너진 뒤에야 보이는 것들 | '붕괴'라는 이름의 터닝 포인트 | 삶의 장르를 바꾸기 위한 첫 번째 컷 | 모든 것이 한순간에 극적으로 바뀔 수도 있다 | '나'라는 주인공이 바뀌면 삶의 장르도 변한다 | 기적은 첫발을 떼는 순간부터 시작된다 | 내 안에 숨겨 둔 욕망을 깨워라

4 놓아주고 떠나보내라 • 119

왜 놓아줘야 할까? | 놓아 버리면 잡을 수 있는 것들 | 가슴이 원하는 일을 하라 | 내려놓고, 버리고, 떠나보내기 | 우정이라는 이름의 집착을 떠나보내다 | 모든 것을 떠나보내고 나면 무엇이 남을까?

5 자신의 고유 강점을 기억하라 • 151

누구에게나 자기만의 고유 강점이 있다 | 자신만의 고유 강점은 무엇인가? | 고난은 고유 강점이라는 보물함의 열쇠다 | 우리가 길에서 벗어날 때조차 길은 우리를 버리지 않는다 | 최악의 순간에도 함부로 마침표를 찍지 마라

6 그래도 계속 가라 • 175

지금 살아있다는 건, 계속 나아가고 있다는 뜻이다 | 포기하지 않고 끝까지 가 보고 싶은 마음 | 절망에 빠진 그 순간에 지속성이 깨어난다

7 받아들이고 끌어안아라 • 195

끌어안지 못할 아픔이란 없다 | 만화경이 내게 가르쳐 준 것 | 받아들인 사람과 받아들이지 못한 사람 | 마음속 오랜 상처는 어떻게 끌어안을까? | 삶을 받아들인다면 죽음도 받아들이자 | 모두가 우리 인생의 소중한 조각들

8 비우고 덜어 내라 · 233

심플해지면 누릴 게 많아진다 | 채우는 삶에서 여백을 만드는 삶으로 | 소유의 성벽을 허물자 찾아온 행복 | 다 버리고 딱 하나만 남긴다면?

9 사랑이 넘치는 곳으로 가라 · 257

살면서 내가 본 가장 아름다운 풍경 | 나만의 벽난로를 만들자 | 사랑의 힘을 전달해 주는 존재들 | 세상이 나를 반겨 주는 느낌 | 힘드니까 만납시다 | 모든 빗방울은 바다에서 하나가 된다 | 중요한 건 사랑뿐이다

10 내면의 빛을 따라 걸어라 · 291

눈에 보이는 것만이 전부가 아니다 | 길 위에서의 깨달음 | 깨달으면 무엇이 달라질까? | 평온함으로 이르는 길 | 영혼이 가리키는 곳으로

마치는 글_당신의 오늘이 어제보다 평온하기를 · 315

옮긴이의 글_삶이 무너졌을 때 우리가 기억해야 할 것 · 316

1

삶을 바꾸려면
먼저 한바탕 울고 시작하라

> "흐르는 눈물은 괴롭지만,
> 그보다 더 괴로운 건 흐르지 않는 눈물이다."
> _ 아일랜드 속담

레스토랑에서 캐리의 이야기를 듣는 동안 내 볼 위로 눈물이 줄줄 흘러내렸다. 얼마 전 그녀는 다운증후군을 앓고 있는 어린 아들을 결국 보호시설에 들여보내야만 했다.

"어떻게든 집에서 돌보고 싶었지만, 여러모로 상황이 여의치 않았어."

보호시설이 어떤 곳인지, 아들이 앞으로 혼자서 긴긴날을 보내게 될 방은 또 어떻게 생겼는지, 세세하게 들려주는 그녀 앞에서 나는 어쩔 수 없이 눈물을 흘리고 말았다. 잔잔한 피아노 선율이 흐르는 레스토랑, 근사한 요리가 차려진 테이블 앞에서 나는 어깨를 들썩이며, 마치 주변에 아무도 없는 것처럼 한참을 흐느꼈다. 내 울음소리에 오히려 캐리가 걱정스러운 듯 사방을 둘러보았다. 몇몇 테이블에서 손님들이 우리를 힐끗 보다가 못 본 척 고개를 돌리기도 했다.

내가 진정할 때까지 기다린 다음 캐리가 말했다.

"넌 어쩜 그렇게 잘 우니?"

나는 고개 들어 캐리를 쳐다보았다. 정작 울어야 할 그녀는 너무나 담담해 보였다. 멀리서 보면 마치 그녀가 나를 위로해 주는 것처럼 보일 것 같았다. 내가 물었다.

"그러는 넌, 어쩜 그렇게 담담할 수 있지?"

그토록 가혹한 상황에 놓였으면서도 캐리는 정말 눈물 한 방울 흘리지 않았다. 너무 울어서 눈물이 다 말라 버린 걸까? 아니, 그런 것 같진 않았다.

"운다고 해결될 문제가 아니잖아. 이겨 내야지. 마음 단단히 먹고 이겨 내야지."

그녀가 창으로 고개를 돌리며 말했다. 얼마나 이를 악물고 견뎌 왔는지, 턱선이 날카롭게 각져 있었다. 캐리는 자기 앞에 닥친 모든 시련을 꿋꿋하게 견뎌 내고야 말겠다는 듯 한없이 결연하고 비장한 표정이었다. 나는 멍하니 그녀를 바라보았다.

'캐리, 넌 참 여전하구나.'

● 울어야 할 때 울어야 하는 이유

캐리는 전형적인 '강한 사람'이었다. 학창 시절에도 멘탈 강하기로 유명해서, 시련이 닥칠 때마다 감상에 빠지는 대신 적극적으로 돌파구를 찾아가는 타입이었다. 아무리 기억을 더듬어 봐도 그녀가 실의에 잠겨 있거나 우는 모습을 본 적이 없는 것 같다.

그녀는 언제나 긍정적이고 당당한 사람이었다. 그리고 지금, 아들에 관한 문제 앞에서조차 특유의 강하고 의연한 태도는 여전했다. 하지만 내 눈에는 그녀의 인내가 이미 임계점을 넘은 것처럼 보였다. 그녀는 앞으로의 경제 활동과 생활 패턴의 변화, 아들에 대한 구체적인 대책 등 생활 전반에 걸친 일련의 계획을 이야기하고 있었다.

나는 잠자코 듣다가 그녀의 말을 끊었다.

"다 좋아. 좋은데, 그 전에 꼭 해야 할 일이 있어."

"뭔데?"

그 순간 내가 캐리에게 해 줄 말은 이 한마디뿐이었다.

"캐리, 힘들면 울어도 돼. 억지로 참지 마. 맘껏 울어."

하지만 그녀는 입을 꾹 다물고 천천히 고개를 저었다.

"아니, 지금은 울 때가 아니야. 아이를 위해서라도 정신

바짝 차려야지. 약해지면 안 돼. 내가 무너지면 끝이야."

"운다고 약해지진 않아. 무너지지도 않아."

난 진심이었다.

"잠시만이라도 어디 가서 마음껏 펑펑 울어 봐."

그래도 캐리는 여전히 고집스럽게 입을 다문 채 다시 창밖으로 시선을 돌렸다. 그녀는 아예 우는 법을 잊어버린 사람 같았다. 아니면 그동안 너무 오래 참아서 눈물샘이 꽉 막혀 버렸거나.

캐리가 스스로 다짐하듯이 중얼거렸다.

"난 정면으로 맞설 거야. 회피하지 않아."

나는 말문이 막히고 말았다.

'아, 캐리! 정면으로 맞서다니, 도대체 무엇과 맞선단 말이니?'

나는 그 지독한 심리적 압박을 꾹꾹 참고 있는 캐리가 정말 걱정됐다.

어느 연구에 따르면 슬픈 감정을 억누를수록 긍정적인 감정도 함께 위축된다는 사실이 임상적으로 증명되었다고 한다. 감정 스펙트럼의 한쪽 끝이 무뎌지면 다른 쪽도 덩달아 무뎌진다는 뜻이다. 그렇기에 슬픔 같은 부정적인 감정을 억누른 채 매사에 즐겁고 행복해야 한다고 믿는 사람들이,

시간이 흐르면서 오히려 더 불안하고 우울한 심리 상태에 이르게 된다. 캐리가 바로 그 상태인 것이다.

참다못한 나는 결국 속엣말을 꺼냈다.

"캐리, 네가 정말로 직시하고 온전히 받아들여야 할 상대는 눈앞에 닥친 시련이 아니라, 시련을 감당하고 있는 너의 슬픔 그 자체야. 너는 지금 너의 슬픔을 외면하고 있어."

하지만 내 말은 캐리에게 제대로 가닿지 않았다. 야속한 듯 나를 노려보는 그녀의 표정이 모든 걸 말해 주는 것 같았다.

'난 어떡하든 벗어날 거야. 이겨 낼 거라고!'

그날 그렇게 헤어진 뒤로 각자 바쁜 날들이 이어졌고, 어찌어찌하다 보니 캐리와 연락도 끊기고 말았다. 그러다가 1년 반쯤 지난 어느 날, 그녀에게서 다시 전화가 걸려 왔다. 수화기 건너편 캐리에게서 흘러나온 첫 마디에 나는 놀라지 않을 수 없었다.

"대프니, 나 지금 정신병동에 들어와 있어."

"캐리, 어떻게 된 거야?"

소식이 끊긴 동안 캐리에게는 도저히 견딜 수 없을 만큼 끔찍한 일들이 연달아 몰려왔다고 했다. 그녀는 버티고 또 버텼지만, 결국 자살을 시도하기에 이르렀고, 기어이 먹어서는 안 될 약들을 한꺼번에 삼키고 말았다. 의료진의 손에

위 세척을 마친 다음 날, 자신이 살아 있다는 사실을 깨달았을 때 그녀는 무너지듯 울음을 터뜨리고 말았다.

"온종일 울고, 울고 또 울었어."

그녀가 말을 이었다.

"꽉 막혔던 댐이 터져 버린 거야. 평생 고이고 고였던 눈물을 그날 한꺼번에 다 쏟아 낸 것 같아."

잠시 기다렸다가 내가 물었다.

"그렇게 울고 나니까 좀 어때?"

한참 침묵하던 캐리가 말했다.

"진작에 울걸, 왜 그렇게 참았나 싶더라."

그녀의 웃음소리가 희미하게 들려왔다.

나도 웃으며 이렇게 말했다.

"캐리, 이제야 너의 눈물을 만났구나."

깨어 있는 매 순간마다 우리는 수없이 다양한 감정을 겪는다. 어떻게 보면 삶이란 감정을 겪는 과정이고, 우리의 몸과 마음은 그 복잡하고 섬세한 감정들을 차곡차곡 쌓아 두는 저장소와도 같다.

이 특별한 저장소는 슬픔이나 분노 같은 감정이 한계치까지 차오르면 어떤 식으로든 밖으로 흘려보내야 제 기능을 한다. 그런데 그 통로가 막혀 버리면 어떻게 될까? 낙엽이

켜켜이 쌓여 배수로를 막아 버린 모습을 상상해 보라. 빗물이 빠져나가지 못해 거실 창문으로 들이치고, 집 안이 엉망이 된다.

감정도 꼭 그렇다. 바깥으로 발산되지 못한 채 내면 깊숙한 곳에 고인 감정들은 결국 몸과 마음의 자연스러운 흐름을 방해하다 못해 급기야 우리를 삶의 벼랑 끝으로 내몬다. 누구보다 강한 멘탈의 소유자인 캐리가 소리 없이 극단적인 선택을 시도했던 것처럼.

평생의 눈물을 한꺼번에 다 쏟아 낸 뒤 캐리는 내게 이렇게 말했다.

"이 모든 게 울어야 할 때 울지 못해서 벌어진 일이야."

맞다. 눈물로 씻어 내지 못한 슬픔은 몸과 영혼을 울게 만든다.

지금, 당신은 어떤가? 혹시 감당하기 힘든 시련과 고통 속에서도 눈물을 꾹 참고 오로지 '문제 해결'만을 위해 고군분투하고 있지는 않은가? 그렇다면 잠시 하던 일을 내려놓고, "울어야 산다"라는 나의 외침에 한 번쯤 귀 기울여 주길 바란다.

● 실컷 울고 나면 왜 삶이 바뀔까?

사랑하는 사람과 헤어지면 눈물이 차오른다. 집을 잃거나 함께 살던 개가 죽었을 때, 친구에게 배신을 당하거나 직장에서 쫓겨났을 때 가슴이 미어진다. 그리고 기다렸다는 듯이 눈물이 흘러내린다. 얼마나 자연스러운가? 괴롭고 슬플 때 눈물이 흐르는 것은, 기쁠 때 절로 미소가 지어지는 것만큼 당연하고 자연스러운 현상이다. 하지만 우리는 매번 슬픔 앞에서 주춤한다. 눈물이 맺힐 것 같으면 재빨리 고개를 돌리거나 억지로 웃음을 지어 보인다. 그리고 어떻게든 상황을 바꿔 보려고 애쓴다. 아니면 마주하기 싫은 현실을 아예 없었던 일인 양 외면하기도 한다. 왜 그럴까?

우리 마음 한구석에 뭔가 단단한 전제 조건이 자리 잡고 있기 때문이다. '나는 항상 괜찮아야 해. 늘 행복해야 하고, 슬픔 따윈 없어야 해'라는 믿음 말이다. 그 어처구니없는 믿음 때문에 우리는 살면서 마주치는 고통과 슬픔을 시종일관 나쁜 것, 혹은 '완벽해야 할 삶'에 끼어든 불청객으로 치부해 왔다. 그래서 그렇게 슬픔을 억누르고 눈물을 참아 온 것이다. 하지만 오랫동안 참아 온 눈물이 어느 순간 걷잡을 수 없이 터져 나올 때, 그제야 비로소 우리는 깨닫게 된다.

'아, 내가 이렇게나 힘들었구나!'

오래오래 참았던 눈물일수록 여간해선 멈추지 않는다. 괜찮다. 멈출 필요도 없고 멈춰서도 안 된다. 흐르는 눈물은 계속 흐르게 두자. 지금은 마음껏 울어야 할 시간이다. 기꺼이 울어 주자. 눈물 속에 숨어 있는 신비로운 힘을 만날 때까지.

여기서 한 가지 질문.

"삶은 왜 우리에게 시련을 안겨 줄까?"

운이 나빠서든 내가 잘못해서든 우리 앞에는 늘 해결해야 할 문제와 힘겨운 난관이 번갈아 몰려온다. 그래서 삶이란 끝없는 시련의 파도를 넘는 항해와 같고, 그 시련들을 하나하나 이겨 내는 행위 자체가 삶의 전부라고 주장하는 이들도 많다. 정말 그럴까? 정말 그런 거라면 이거 너무 힘 빠지는 얘기 아닌가?

생각을 바꿔 보자. 삶이 우리에게 시련을 안겨 주는 까닭은 무조건 이겨 내라는 뜻이 아니라, 그 시련을 통해 뭔가를 경험해 보라는 의미가 아닐까? 예전에는 상상도 못 했던 슬픔과 고통 같은 경험, 혹은 죽을 만큼 힘든 인생의 고비를 넘긴 뒤에 찾아오는 '달라진 나'와의 만남 같은 것들.

삶의 바닥까지 내려갔다가 자신의 진짜 내면과 마주쳐 봤던 사람들은 이 말이 무슨 뜻인지 이해할 것이다. 사랑하는 사람과의 사별, 말기암 선고, 파산 등 말 그대로 '차라리 죽는 게 더 나을 것 같은' 시련을 넘어 본 사람들은 하나같이 입을 모아 이렇게 말한다.

"정말 죽고 싶었죠. 하지만 이젠 괜찮아요. 그 시련이 삶의 해답을 가져다주었기 때문이죠. 어쩌면 시련은 제게 재앙이 아니라 선물이었는지도 몰라요."

도대체 그 지독한 경험들을 통해 어떻게 삶의 해답을 찾을 수 있을까? 죽음의 문턱까지 갔던 캐리는 이런 깨달음을 얻었다고 했다.

"눈물에 그렇게 신비로운 힘이 있을 줄은 정말 몰랐어. 마치 몸에 쌓인 독소를 빼내듯이 마음에 응어리져 있던 것들을 말끔히 씻어 내 주더라. 그렇게 한바탕 울고 나니까 가슴이 뻥 뚫린 것 같고, 무거웠던 어깨가 한결 가벼워진 느낌이 들었어. 폭풍우가 지난 뒤에 맑아진 하늘처럼 말이야."

캐리는 또 "눈물은 끝이 아니라 시작"이라는 말도 덧붙였다. 밤새 눈물을 쏟아 내고 아침이 밝아 올 즈음, 마치 리셋 버튼을 누른 것처럼 지워져야 할 것들은 싹 다 지워지고, 새로 시작할 수 있는 여백이 만들어진 것 같다고 했다.

한마디로 사람이 확 바뀌었다는 얘기다. 어제까지의 내가 낯설게 느껴지는 경험이랄까? 산적한 문제들이 다 해결된 것도 아니고, 상황이 더 나아진 것도 아닌데 왠지 모르게 자신을 둘러싼 삶의 기운이 달라진 것 같다. 문제를 바라보는 태도도, 그것을 바라보는 감정도 예전 같지 않다. 어제까진 절망뿐이었는데 오늘은 절망의 틈 사이로 어떤 확신 같은 느낌, '해낼 수 있고, 감당할 수 있고, 달라질 수 있을 것 같은' 긍정의 감정도 함께 느껴진다. '나'라는 존재가 새롭게 변하는 순간이다.

◉◉ 이제 그만 훌훌 털고 일어나라고?

내 자랑을 하나 하자면, 나는 엄청 잘 우는 사람이다. 적어도 울어야 할 때를 알고, 어디서나 기꺼이 퍼질러 앉아 울 줄 아는 사람이다. 지금까지 살아오는 동안 참 많이도 울었다. 소파에 몸을 맡기고, 침대에 파묻혀서 엉엉 소리 내어 운 날들이 셀 수 없을 만큼 많다.

연인이 떠나서 울었고, 용기 없는 내 모습에 실망해서 울었다. 후회되는 선택들 때문에, 세상에 홀로 남겨진 것 같은 외로움 때문에, 아무도 내 마음을 알아주지 않는다는 서러움 때문에 울었다. 자연재해 뉴스를 보면서도 울었고, 소중한 걸 잃거나 누군가에게 속았을 때도 울었다. 때로는 좋아하는 구두가 망가졌다는 정말 사소한 일들로도 눈물이 났다.

가끔은 내가 울었던 시간과 흘린 눈물의 양에 스스로 놀라기도 했다. '이렇게까지 우는 게 정상일까?' 싶을 정도였다. 하지만 한참 울고 나면 언제나 신기한 일이 일어났다. 먼저 마음에 고요한 평화가 찾아왔다. 눈물이 지닌 치유의 힘 덕분에 울고 나면 기분이 한결 나아졌다. 늘 그랬다. 뭔가 부서졌다가 다시 새롭게 맞춰진 기분, 다시 태어난 듯한 마음, 더 단단해진 느낌이 들었다. 마치 부드러운 실크에 온몸이 감싸인 것처럼 포근했고, 마음이 우주 공간으로 활짝 열린 것 같았다. 누구도 나를 함부로 대하지 못할 것 같다는 생각과 동시에 더 섬세하고 순수해진 느낌이 공존했다. 더 멋지고 사랑스러운 존재가 된 것 같기도 하고, 심지어 뭐든지 해낼 수 있을 것 같은 자신감이 차올랐다.

이렇게 나는 '눈물 신봉자'가 되었고, 어떤 시련과 슬픔도 '삶이 주는 선물'로 받아들일 수 있게 되었다. 그리고 최근에는 옛 친구인 마리도 나와 함께 '눈물의 동지'가 되었다.

마리를 만난 것은 어느 명상 모임이 열리는 호텔 로비에서였다. 대체의학을 전공한 그녀는 건강과 삶의 균형에 관한 컨설턴트로 일하고 있었다. 그런데 오랜만에 만난 그녀의 얼굴은 왠지 푸석푸석해진 듯했다. 눈가에도 입가에도 예전보다 한층 주름이 깊게 패 있었다. 내가 물었다.

"마리, 그동안 어떻게 지냈어?"

"힘들었어. 너무너무."

얘기를 들어 보니 그냥 힘든 정도가 아니었다. 그녀는 작년에 갑작스러운 사고로 열다섯 살짜리 딸아이를 떠나보냈다고 했다.

"너무 갑작스러워서 믿기지 않았어."

그간의 이야기를 털어놓는 내내 마리도 울고 나도 함께 울었다. 호텔의 로비에 깔린 화려한 카펫 위에 마주 서서 엉엉 울고 있는 두 여자의 모습에 행인들 모두 어리둥절한 표정이었다. 한참을 흐느끼던 마리가 눈물을 닦아 내며 말했다.

"고마워. 실컷 울게 해 줘서."

"울게 해 주다니, 그게 무슨 말이야?"

"다들 나한테 그러거든. 이제 그만 좀 울라고. 아이를 보낸 지 1년이 넘었는데 아직도 못 헤어났느냐고…."

"지들이 뭔데?"

나는 마리의 어깨를 토닥이며 말했다.

"울어, 실컷 울어!"

쏟아지는 눈물을 틀어막는 건 어리석은 짓이다. 도대체

누가 무슨 권리로 슬픔의 시효를 정한단 말인가. 그날 우리는 주변의 눈치 따윈 아랑곳없이 마음껏 울었다.

그 뒤로 한동안 마리를 만나지 못하다가 6개월쯤 지난 어느 날, 한 바자회 행사장에서 다시 그녀와 마주쳤다. 마리는 조금 더 밝고 평온해 보였다. 주름살은 그대로였지만, 깊은 슬픔을 게워 낸 덕분인지 오히려 성숙한 아름다움마저 느껴졌다. 어떻게 지냈느냐고 묻자, 마리는 전보다 훨씬 잘 지낸다고 했다.

"사람들은 뭐래? 그 참견쟁이들 말이야."

"여전하지 뭐. 이제 그 일을 떨쳐 낼 때라고."

"그래서, 떨쳐 낸 것 같아?"

"아니, 아직은."

그러면서 마리는 자기처럼 자식을 잃은 몇몇 엄마들과 함께 모임을 만들었다고 했다. 미칠 듯이 괴로워서 도저히 견딜 수 없을 때마다 회원들이 함께 모여 '펑펑 우는 시간'을 갖는다고 했다.

"울고 싶은 사람이 연락을 돌리면 다들 그 집 거실에 모여서 그냥 막 울어. 그렇게 실컷 울고 난 다음 툭툭 털고 일어나 다시 각자의 생활로 돌아가는 거야."

바자회 행사가 마련된 호텔 로비에는 갖가지 예쁜 물건들이 진열되어 있었다. 마리가 예쁜 노란색 숄을 몸에 살짝 걸쳐 보더니 "이거 살까?" 하고 내게 물었다. 나는 웃으며 고개를 끄덕였다. 그녀의 갈색 눈동자와 까만 머리카락에 너무나 잘 어울린다고도 말해 줬다. 덧붙여 숄이건 리본이건 이제 무엇이든 예쁜 것들을 스스로에게 선물해 줘도 되지 않겠느냐고도 했다. 그녀는 말없이 미소를 지었다.

행사가 끝나고, 오후 늦게 다시 만났을 때 마리는 노란색 숄을 멋지게 두르고 있었다. 숱한 눈물에 씻긴 그녀의 눈동자가 맑게 빛났다. 예전에도 그녀는 아름다웠지만, 지금의 아름다움과는 비할 바가 아니었다.

어깨에 노란색 숄을 두르고 수줍게 미소를 짓기까지 마리는 얼마나 많은 눈물을 흘려야 했을까?

그녀의 눈물은 아직도 마르지 않았다. 봄비에 젖은 잔디밭을 걸을 때, 바람결에 숲 향기가 느껴질 때, 딸아이 또래의 아이들이 재잘거리며 걸어갈 때마다 자기도 모르게 볼 위로 눈물이 흘러내린다고 한다. 그러면 그녀는 벤치에 가만히 앉아서 열심히 운다. 나는 그런 그녀를 응원하고 지지한다.

가슴 깊이 들어찬 슬픔을 직시하고 온 마음으로 그것을 겪어 내지 않으면, 목에 걸린 가시처럼 평생의 아픔으로 남는다. '지금쯤이면 그 일을 떨쳐 냈어야 하잖아. 왜 아직도 이렇게 괴로울까? 난 왜 이 모양일까?'라는 자책은 극복이 아니라 현재의 고통에서 한시라도 빨리 벗어나려는 회피의 변형일 뿐이다. 상처받지 않은 척, 의지가 강한 척, 이성적으로만 대처한다고 해서 아픔이 사라지던가? 슬픔을 피하거나 억지로 참아 낸다고 상실감이 저절로 없어질 거라고 여긴다면 오산이다.

도대체 우리는 왜 슬픔에서 한시라도 빨리 벗어나려고 할까? 한바탕 실컷 울었으니 이제 훌훌 털고 일어나라고? 정말 그걸로 충분하다고 생각하는 걸까? "자자, 시간을 드릴 테니 세 시간만 울고 다시 힘을 내세요!" 같은, 언제나 빠르고 편한 해결책만을 추구하는 실용주의적 광고 문구가 귓전에 맴도는 느낌이다.

우리는 시련을 온전히 마주하고, 충분히 느끼는 대신 빙 돌아 우회하는 데에만 너무 익숙해져 있는 게 아닐까? 정말이지 그런 방법으로는 아무것도 달라지는 게 없다.

시간이 해결해 줄 거라고? 천만에! 가슴을 짓누르는 고통과 슬픔은 결코 그냥 사라지는 법이 없다. 우리는 슬픔이라는 감정의 밑바닥까지 깊이깊이 가라앉을 수 있어야 한다. 질식할 만큼 영혼을 옥죄고 있던 고통과 슬픔이 스스로 손깍지를 풀고 놓아줄 때 우리는 비로소 평온을 만나게 된다.

이때 작동하는 것이 바로 눈물이다. 눈물은 깊은 슬픔 뒤에 만나게 될 평온한 상태를 준비해 주는 안내자와 같다. 눈물이 볼 위로 흘러내리는 순간, 우리의 몸과 마음은 엄마 배 속에서 느꼈던 고요한 평온과 행복의 상태로 돌아간다. 실컷 울고 난 뒤에 다시 태어난 것 같은 느낌이 드는 것도 이 때문이다. 그리고 이때부터 우리는 얼마든지 다시 시작할 수 있다.

남을 위해 울 수 있는 사람은 더 이상 혼자가 아니다

어느 날 평소처럼 커피를 마시며 잡지를 뒤적이고 있을 때였다. 오후 햇살이 창문을 통해 비스듬히 들어와 책상 위 종이들을 따스하게 데우고 있었다. 나는 한가롭게 잡지를 넘기다가 '수감자 편지'라는 코너에 실린 한 통의 편지가 눈에 들어와 멈칫했다. 로이라는 남자가 쓴 것이었다. 그는 현재 살인죄로 복역 중이라고 했다. 글씨체는 또박또박했지만, 행간에서 묻어나는 무게감이 남달랐다. 그는 자신의 젊은 시절을 회상하며 이렇게 썼다.

분노라는 감정이 내 안에서 끓어오를 때, 나는 그것이 정당한 것이라고 믿었습니다. 세상이 나에게 불공평했고, 나는 그에 대해 응답해야 한다고 생각했죠. 하지만 지금 돌이켜 보니, 그 분노의 뿌리에는 차마 직면할 수 없었던 슬픔이 있었습니다. 아버지의 죽음, 여동생의 죽음, 끝없이 반복되는 이별이 있었죠. 그 슬픔이 가슴 깊은 곳에서 썩어 가며 독이 되어 분노로 변한 것이었습니다.

그의 절절한 고백이 가슴에 파고들었다. 자신을 무너뜨린 분노가 사실은 슬픔의 가면이었다는 그의 깨달음이 며칠째 내 머릿속을 맴돌았다.

그로부터 일주일 뒤, 나는 충동적으로 내 책 한 권을 포장해서 교도소로 발송했다. 수신자는 '로이'였다. 인간의 감정에 대해 쓴 책이었는데, 로이가 말한 그 문제와 정확히 맞닿아 있는 내용이었다.

다시 계절이 바뀌고, 로이의 존재가 내 기억 속에서 희미해져 가던 어느 날, 우편함에서 낯선 봉투를 발견했다. 수신자의 이름을 보고 깜짝 놀랐다. 로이였다. 그는 내가 보내 준 책을 읽고 한없이 울었다며 이렇게 썼다.

내가 열일곱 살 때 이 책을 만났더라면 얼마나 좋았을까요.

로이와의 인연은 이렇게 시작되었다.

편지에서 로이는 자신의 인생을 담담하게 풀어놓았다. 자기 연민이 섞이지 않은 건조한 문체였지만, 그 속에 담긴 아픔의 무게는 종이를 뚫고 나올 것 같았다.

그는 네 살 때 아버지를 잃었다. 어머니는 아름다운 여자였지만 그리 영리하지는 못했다. 슬픔과 외로움에 지친 그녀는 여러 남자들을 만났다. 그중 한 남자의 아이를 임신해 로이의 여동생을 낳았다. 로이에게 작고 귀여운 그 여동생은 세상에서 가장 소중한 존재였다. 작은 손으로 자신의 손가락을 꼭 잡으며 환하게 웃는 얼굴이 그렇게 귀여울 수 없었다. 하지만 그 소중한 존재는 겨우 세 살 때 뇌막염으로 세상을 떠나고 말았다. 일곱 살 로이는 여동생의 작은 관 앞에서 무엇을 해야 할지 몰랐다.

그 후로도 집 안에 양아버지들이 차례차례 드나들었고, 다들 잠시 머물다가 떠나 버렸다. 마지막 양아버지만은 달랐다. 그는 로이 모자를 진심으로 사랑했고, 로이도 처음으로 아버지라는 존재에 기대어 삶의 방향을 찾을 수 있었다. 하지만 그것도 잠시였다. 어느 해 여름, 온 가족이 호숫가에서 피크닉을 즐긴 그날, 끔찍한 일이 닥쳤다.

로이가 물가에서 돌멩이를 던지며 놀고 있을 때 뒤에서 비명이 들려왔다. 돌아보니 양아버지가 호수 한가운데서 허우적거리고 있었다. 살려 달라는 절규가 호수 위로 울려 퍼졌다. 수영할 줄 몰랐던 로이는 발만 동동 굴렀다. 어머니는 어찌할 바 모르고 울기만 했다. 로이는 양아버지가 점점 물속으로 가라앉는 모습을 그저 지켜볼 수밖에 없었다. 그렇게 그는 또 하나의 소중한 존재를 잃고 말았다.

열다섯 살 로이는 이제 집안의 기둥이 되어야 했다. 어린 딸에 이어 남편까지 잃은 어머니는 전적으로 로이에게만 의지했다. 결국 로이는 학교를 그만두고 목공소에서 일을 시작했다. 어른들 사이에서 일하는 소년의 어깨에 너무도 무거운 짐이 올라가 있었다.

2년이 지나고 열일곱 살이 된 로이는 난생처음 바에 가서 술을 마셨다. 알코올이 목구멍을 태우며 내려가는 순간, 가슴 속 바윗덩어리가 조금 가벼워지는 것 같았다. 그때 한 사내가 다가왔다. 로이보다 15센티미터는 더 커 보이는 덩치였다.

이유 없는 시비가 시작되고, 상황은 순식간에 악화됐다. 사내가 칼을 꺼내 들었다. 로이는 본능적으로 몸을 피하며 바닥에 떨어진 칼을 집어 들었다. 다음 순간, 그 칼이 사내의 몸에 박혔다. 정확히 조준한 것도 아닌데 칼이 그 큰 덩치의 갈비뼈 사이를 뚫고 들어가 심장을 건드렸다. 몇 분 뒤 사내는 숨지고, 로이는 60년 형을 선고받았다.

> 젊은 시절을 교도소에서 보내는 동안, 감방은 저에게 수도원이나 마찬가지였고, 그 안에서 보낸 삶은 영적 성장을 위한 여정과도 같았습니다.

처음 몇 년 동안 로이는 감방에서 죽은 듯이 지냈다. 삶이 죽음보다 고통스럽게 느껴지는 날들이었다. 그러다 우연히 명상이라는 것을 알게 되었고, 책도 접하기 시작했다. 그렇게 시간이 흘러 그는 교도소 안에서 불교 신자가 되었다. 나와의 인연이 시작된 이후 그는 정기간행물에 기고문을 연재하기 시작했고, 책도 두 권 썼다.

그 뒤로도 우리는 계속해서 편지를 주고받았다. 나는 로이에게 교도소 생활에 대해 묻기도 하고, 고립된 상황에서 오는 외로움에 대해 묻기도 했다. 그런데 한번은 그가 보낸 편지에 이런 얘기가 적혀 있었다.

저는 요즘도 틈만 나면 눈물을 흘려요. 예전엔 나를 위해, 나로 인해 세상을 떠난 그를 위해, 그리고 그의 유가족을 위해 밤늦도록 울었죠. 그런데 요즘은 교도소에 갓 들어온 젊은이들을 위해 웁니다. 그들 한 사람, 한 사람이 어떻게 해서 여기까지 오게 됐는지는 알 수 없지만, 한 가지 분명한 건 이제 그들을 위해 울어 주는 사람이 아무도 없다는 사실입니다. 본인들조차 울지 않죠. 그래서 내가 대신 눈물을 흘립니다. 내가 처음 교도소에 들어왔을 때가 바로 그 나이였죠. 그들과 나는 다르지 않아요. 그들을 위한 눈물이 바로 나를 위한 눈물입니다. 그래서 저는 외롭지 않아요. 남을 위해 울 수 있는 사람은 더 이상 혼자일 수 없으니까요.

몇 개월 뒤, 로이가 수감된 교도소가 있는 지역에서 강연회가 있어 마침내 그를 만날 기회가 생겼다. 면회 전날, 나는 교도소 근처 허름한 모텔에서 하룻밤 묵었다. 이런저런 생각에 잠이 오지 않았다.

다음 날 아침은 날씨가 무척이나 화창했다. 면회 시간까지 여유가 있어서 천천히 산책하듯이 걸었다. 대로를 따라 걷다 보니 교도소 건물들이 줄지어 서 있었다. 높은 담장 너머로 운동장도 보였다. 고등학생쯤 되어 보이는 젊은이들이 공을 차고 있었다. 로이가 말했듯이 이른 나이에 이미 인생에서 지울 수 없는 낙인이 찍혀 버린 젊은이들이었다.

울타리 안쪽, 날카로운 철사 덩굴 너머로 앳된 소년 하나가 내게 손을 흔드는 모습이 보였다. 나는 반사적으로 소년에게 손을 흔들어 주었다. 로이가 저 나이 때 딱 저렇지 않았을까, 하는 생각이 들었다.

한참 손을 흔들고 있자니 느닷없이 가슴이 울컥하며 눈물이 걷잡을 수 없이 쏟아지기 시작했다. 햇살이 철조망 사이로 내려와 소년의 얼굴을 비추었다. 내가 어깨를 들썩이며 울자, 소년이 멈칫하고는 멀리서 나를 한참 동안 쳐다봤다. 그때 갑자기 로이의 편지 글이 떠올랐다.

…한 가지 분명한 건 이제 그들을 위해 울어 주는 사람이 아무도 없다는 사실입니다. 본인들조차 울지 않죠. 그래서 제가 대신 눈물을 흘립니다. …그들과 나는 다르지 않아요. 그들을 위한 눈물이 바로 나를 위한 눈물입니다. 그래서 저는 외롭지 않아요. 남을 위해 울 수 있는 사람은 더 이상 혼자일 수 없으니까요.

삶의 해답이 찾아오는 순간

오직 나만을 위해 10분의 시간을 준비하자. 10분간 아무것도 하지 말고 가만히 앉아 다음 질문들을 스스로에게 던진 후 답해 보자. '눈물' 속에 치유의 힘이 있다는 사실을 아직도 믿지 못하거나 경험하지 못했다면 지금이 기회다. 다음 질문들을 우리 영혼과 감정을 치유하기 위한 소중한 나침반으로 삼았으면 좋겠다.

- 마음 깊은 곳에 오랫동안 아물지 않은 상처가 있는가?

- 한 번도 마음 놓고 울어 보지 못한 상처는 어떤 것인가?

- 울면 안 된다고 스스로 억누르고 있진 않은가?

- "겨우 그 정도 일로 울어선 안 돼"라고 하는 사람들의 말에 동의하는가?

- 지금, 아무리 해결하려고 발버둥 쳐도 풀리지 않고, 점점 견디기 힘들어지는 문제는 무엇인가?

- 요즘 너무 괴로워서 한바탕 눈물을 쏟아 낼 것만 같은 문제가 있는가?

- 당신이 울 때 곁에 있어 주었으면 하는 사람이 있는가? 그가 누구인가?

- 마음 놓고 울 수 있는 장소로 딱 떠오르는 곳이 있는가? 탁 트인 바닷가에서, 아무도 없는 숲속에서 눈물을 토해 내고 싶은가? 어디든 좋다. 이제 당신의 오랜 슬픔을 만나기 위해 당신만을 위한 눈물의 성소로 달려가라. 그곳에서 눈물을 실컷 쏟아 내고 치유의 여정을 시작하라.

- 만일 다른 누군가를 위해서 울어 주고 싶다면 누구를 위해 울 것인가? 무엇을 위해 울 것인가? 울어 주고 난 다음, 고통받는 그를 위해서 해 주고 싶은 또 다른 일이 있는가?

생각으로는 문제를 풀 수 없다
오히려 문제를 더욱 복잡하게 만들 뿐
해답은 언제나 스스로 우리를 찾아온다
복잡한 생각에서 한 걸음 벗어나
고요함 속에 진정으로 존재하는
바로 그 순간에 온다
비록 찰나에 지나지 않는다 할지라도
그 순간 해답을 얻게 된다

_에크하르트 톨레,
〈삶이 너에게 해답을 가져다줄 것이다〉 중에서

2

알아채고,
바라보고,
달라져라

> "알아차리는 순간, 치유가 시작된다."
> _프리츠 펄스

　우울할 때마다 냉장고로 달려가는 친구가 있다. 문을 열었다, 닫았다, 수차례 반복하다가 결국 뭔가를 꺼내 먹어 대기 시작한다. 이 친구의 우울감은 냉장고와 연결되어 있다. 거래처 직원과 갈등을 빚거나 동료들과 크게 다툰 날이면 어김없이 술집으로 달려가는 사람도 있다. 역시 '기분 잡칠 땐 마티니를 열댓 잔 들이켜는 게 상책'이라는 생각이 잠재의식에 입력돼 있을 가능성이 크다. 백화점 명품 매장을 서성이며 공허함을 달래는 사람도 있고, 불안할 때마다 손톱을 물어뜯는 사람도 있다.
　여기까진 눈에 보이는 반응들이라 비교적 알아채기 쉽다.

그럼, 보이지 않는 반응으로는 어떤 것들이 있을까?

믿었던 사람이 뒤통수를 쳤을 때 비정한 상대방을 탓하는 대신 '모든 게 내 탓'이라며 혼자 한숨 쉬고 자책하던 친구가 떠오른다. 공들인 프로젝트가 실패했을 때, 또 다른 기회를 찾아 나서는 대신 모든 걸 포기하고 쪼그리고 앉아 자신의 무능력을 개탄하던 동료도 생각난다. 모임에서 따돌림당하는 느낌을 받을 때마다 여기저기 다른 모임으로 옮겨 다니며 자신을 새롭게 포장해서 소개하는 지인도 있었다. 이 모든 반응이 그 사람의 '디폴트default'다.

디폴트는 어떤 특정 상황에 놓였을 때 반사적으로 작동되는 고유의 습관 같은 것이다. 컴퓨터를 처음 켰을 때 자동적으로 세팅되어 있는 옵션이 디폴트, 즉 기본값이다. 사용자가 자신의 작업 환경을 새로 지정하지 않는 한 이 컴퓨터는 영원히 똑같은 기본값으로 유지될 것이다.

우리도 마찬가지다. 예컨대 뭔가 새로운 시도가 필요한 상황을 만나더라도 예전부터 늘 해 오던 행동 방식에만 의존한다면, 우리의 삶은 여전히 디폴트의 쳇바퀴에 갇힌 꼴이 된다.

골치 아픈 문제가 생겼을 때도, 전에 없던 시련을 맞았을 때도 마치 겨울 코트를 여름까지 입고 다니는 것처럼 익숙한 방법에만 의존하는 사람을 떠올려 보라. 그 사람은 왜 그럴까? 게을러서? 낯선 시도가 불편하거나 불안해서? 이유야 어떻든 늘 해 오던 방식이 안전하다는 그릇된 확신 때문에 언제든지 그 안으로 숨는 것이다.

● '잠깐의 안식처'에서 '영원한 감옥'으로

그렇다고 당신의 디폴트가 무조건 잘못이라는 얘긴 아니다. 때로는 그것이 딱 맞아떨어지는 전략이 될 수도 있다. 중요한 프로젝트를 사흘 안에 끝내야 한다면 잠을 줄여 가며 미친 듯이 열중하는 게 맞다. 애인과의 갈등이나 이런저런 문제에 대해 친구에게 고민을 쏟아 내는 것도 나름 의미가 있다. 우울하거나 스트레스 받을 때 잠시나마 자신을 달래기 위해 마음껏 먹고 마시는 것도 나쁘지는 않다. 문제는 매번 같은 방식을 택하거나 거기에만 과도하게 의존한다는 데 있다. 냉장고 문을 열고, 술을 따르고, 백화점 명품 매장으로 달려가는 것처럼 말이다.

대학 시절에 나는 못 말리는 골초였다. 과제 발표를 앞두고 너무 초조해서 한 대 피웠는데, 순간적으로 온몸이 이완

되는 그 느낌에 사로잡힌 것이다. 그때부터 긴장될 때마다 자동적으로 담배를 입에 물면서 나의 흡연 디폴트가 시작되었다. 그땐 정말, 참 열심히도 피워 댄 것 같다. 심지어 담배가 최고의 다이어트 수단이자 단기 집중력을 높여 주는 마법의 묘약이라고 믿을 정도였다. 하지만 결과적으로 그 달콤한 니코틴의 덫에서 벗어나는 것이야말로 인생 최대의 투쟁이 되고 말았다. 괴물도 새끼일 땐 귀여운 법, 가볍고 사소하게 시작된 흡연 습관이 감당하지 못할 거대한 괴물로 자라는 건 시간문제다.

이처럼 특정 상황이나 감정에 따른 평범한 대응 방식이 점점 디폴트로 굳어지는 이유는 사실 단순하다. 처음엔 정말 효과가 있었기 때문이다. 그래서 다음에, 또 그다음에도 그 방법을 써먹으며 마치 든든한 해결책이라도 찾은 것 같은 착각에 빠지는 것이다.

하지만 그것에 습관적으로 의존하기 시작하면, 시간이 지날수록 효과는 줄어들고 그저 관성적인 반복만 남게 된다. 그래서 대부분의 디폴트는 사실 '지금, 이 상황'에 딱 들어맞는 해결책이 될 수 없다. 한때 잠시나마 효과 만점이었을진 몰라도 지금은 그저 낡은 구두처럼 어쩔 수 없이 당신과 한 몸이 되어 버린, 그래서 이젠 폐기 처분해야 할 과거의 유물에 지나지 않는다.

가장 흔하고 일반적인 디폴트는 모두가 짐작하다시피 '과식'과 '과음'이다. 우리는 일상의 골칫거리나 스트레스에 정면으로 맞서기 힘들 때, 흔히 음식이나 술 같은 임시 도피처를 찾곤 한다. 하지만 그것은 안식처가 아니라 영구적인 감옥이 되기 십상이다.

그나마 비만이나 알코올중독은 겉으로 드러나는 현상이라 쉽게 알아챌 수라도 있다. 그렇지만 피할 수 없는 시련이나 마음의 오랜 상처로 인해 형성된, 그래서 알아채기 힘든 내면의 디폴트들은 그 양상이 훨씬 복잡하고 다양하다. 내가 만나 본 디폴트만 해도 참으로 변화무쌍한 얼굴을 지니고 있었다. 그것은 마치 카멜레온처럼 개인의 내밀한 삶 속에서 전혀 뜻밖의 모습으로 나타나곤 한다.

●● 남을 돕느라 뒷전으로 밀려난 구원자의 꿈

성공한 소프트웨어 회사의 CEO인 빌 매더슨은 자칭 '여성들의 멘토'로 통하는 인물이다. 그는 여성과의 대화에 진심이며 실제로 많은 여성과 인연을 맺고 있다. 혹시 플레이 보이냐고? 전혀 그렇지 않다. 그는 단지 어려움에 처한 여성들이 다시 일어설 수 있도록 물심양면으로 돕는 일을 해 왔을 뿐이다.

지금까지 그의 도움을 받은 여성들은 하나같이 인생의 전환점을 맞았다. 파산 위기의 젊은 엄마 다이앤은 성공한 디자이너가 되었고, 홀로 아이를 키우며 야간대학을 다니던 줄리아는 간호사 자격증을 땄으며, 창업 자금이 부족했던 신디는 현재 연 매출 수백만 달러가 넘는 온라인 쇼핑몰을 운영하고 있다. 그들은 하나같이 입을 모아 이렇게 말한다.

"빌이 아니었으면 꿈도 못 꿀 일이었죠."

빌의 도움은 구직 활동비, 프로젝트 완수 지원, 베이비시터 고용비, 직장 상담, 아파트 임대료 보조까지 다양하고도 광범위했다. 그는 이들이 단순히 일어서는 것을 넘어 세상을 향해 힘차게 나아갈 수 있도록 아낌없이 지원했다. 어떤 사람은 그를 천사라 불렀고, 어떤 사람은 '구원자 빌'이라고도 불렀다. 빌 자신도 스스로 세상을 더 나은 곳으로 만들고 있다는 확신에 차 있었다.

어느 해 가을, 업무차 방문한 라스베이거스 테크 엑스포에서 빌은 셰리라는 삼십 대 여성을 만났다. 그녀는 컨벤션 부스에서 임시직으로 일하고 있었는데, 불안정한 수입으로 인해 늘 다음 일거리를 걱정해야 하는 상황이었다. 빌과의 대화 중에 셰리는 샌프란시스코에서 살고 싶다는 오랜 꿈을 털어놓았다. 빌은 어김없이 명함을 건넸다.

"혹시 근처에 올 일이 있으면 연락해요."

몇 달 후 셰리에게서 전화가 걸려 왔다. 그녀는 모든 것을 정리하고 충동적으로 장거리 버스에 올라탔다고 했다.

"지금 막 샌프란시스코에 도착했어요."

최근 남자 친구와 헤어지고 생활도 어려워진 그녀는 이참에 아예 새로운 곳에서 제2의 삶을 시작하기로 결심했다. 하지만 가족은커녕 아는 사람 하나 없는 곳에서 당장 머물 곳조차 정하지 못해 어쩔 수 없이 빌에게 연락한 것이다.

"잘하셨어요. 마침 방이 하나 비었거든요. 일자리 구하고 거처를 정할 때까지 무상으로 방을 내드릴게요."

'삐이!' 빌 특유의 디폴트 모드가 작동하는 순간이었다. 셰리는 감격하며 기꺼이 제안을 받아들였다.

그런데 상황은 빌의 기대와 달리 자꾸 이상하게 흘러갔다. 셰리는 면접에서 몇 번 떨어지더니 결국 구직 활동을 포기하고 소파에서 TV만 보는 시간이 점점 늘어 갔다. "그래도 밥값은 해야 한다"라며 집안일을 도맡아 하긴 했지만, 정작 자립을 위한 노력은 희미해져만 갔다. 빌은 걱정되기 시작했다.

'내가 뭔가 더 해 줘야 하는 게 아닐까? 취직하려면 자동차가 필요할 텐데.'

결국 빌은 셰리에게 중고차를 사 주었다. 게다가 실업수당으로는 차를 감당하기 힘들 거라며 1년간 유지비의 절반을 지원해 주기로 했다. 그 뒤로 셰리는 빌의 회사 업무를 간간이 도와주면서 법률 사무소 비서가 되고 싶다는 꿈을 밝혔다.

"그 꿈을 이루려면 법 관련 수업을 들어야 하잖아?"

이번에도 빌은 주저없이 그녀의 대학 등록금까지 지불해 주었다.

몇 개월 뒤 셰리가 대학 수업을 받기 시작할 무렵, 빌은 마가렛이라는 여자를 만났다. 마가렛은 쾌활하고 아름다운 여자였다. 빌은 그녀에게 호감 이상의 감정을 느꼈고, 두 사람은 결혼을 염두에 둘 만큼 진지한 만남을 이어 갔다. 그런데 얼마 지나지 않아 마가렛이 빌에게 도움을 요청해 왔다.

"자기야, 내가 급히 처리해야 할 일이 있어서 그런데 좀 도와줄 수 있어?"

그러면서 그녀는 빌에게 구체적인 금액을 이야기했다. 여성들의 구원자인 빌이 사랑하는 그녀의 청을 뿌리칠 리가!

그는 흔쾌히 마가렛에게 돈을 주었다. 그 뒤로도 마가렛은 빌을 만날 때마다 심심찮게 손을 벌렸고, 그는 기꺼이 지갑을 열었다.

그러던 어느 날 밤, 빌은 늦은 밤까지 침대에 누운 채 잠을 이루지 못했다. 난생처음 찜찜한 기분이 든 것이다. 그는 찬찬히 자신의 상황을 돌아보기 시작했다.

셰리는 여전히 그의 집에 살면서 대학에 다니고 있지만, 아직 일자리는 구하지 못한 상태였다. 마가렛은 계속해서 금전적 지원을 요청했다. 갑자기 빌의 입에서 신음처럼 혼잣말이 터져 나왔다.

"이상해. 뭔가 잘못된 것 같아!"

내가 빌을 만난 것은 바로 그즈음이었다. 그는 내게 심리 상담을 받고 싶다고 말했다.

"여자들만 보면 도와주지 않고는 못 배기는 이 강박적인 행동이 도대체 왜, 그리고 언제, 어디서부터 비롯됐는지 너무 궁금해요."

곧이어 심리 상담이 시작되었다. 상담 과정에서 내가 주목한 것은 그의 어머니였다. 빌이 어렸을 때 아버지가 갑작스럽게 세상을 떠난 뒤부터 사십 대 중반의 어머니가 홀로 가족의 생계를 책임져야 했다. 어린 빌은 밤마다 식탁 모서리에 각종 고지서를 잔뜩 쌓아 둔 채 울고 있는 어머니를 몰래 훔쳐보며 자랐다.

"내가 너무 원망스러웠어요. 어머니를 위해 아무것도 할 수 없는 나 자신이 죽도록 미웠죠."

이른바 구원자 빌의 '퍼 주기' 디폴트가 시작된 이유가 바로 여기에 있었다. 스스로 일을 해서 돈을 벌 수 있게 된 뒤, 빌은 곤경에 처한 여성을 볼 때마다 어머니의 한숨과 눈물이 떠올라 거의 반사적으로 그녀들을 돕기 시작한 것이다.

문제의 근원을 알게 되자 빌은 자신의 일거수일투족을 매 순간 알아채는 연습이 필요하다고 생각했다. 그리고 그때부터 이전과는 전혀 다른 행동을 '의식적으로' 선택하기 시작했다.

그는 우선 마가렛과의 데이트부터 취소했다. 그리고 셰리에게는 일주일 안에 집에서 나가 달라고 통보했다. 자동차 유지비는 앞으로 2개월까지만, 대학 등록금도 이번 학기까지만 지원하겠다고 선언했다.

빌은 그때까지 문어발처럼 뻗어 있던 소위 '일방적 도움'의 관계들을 차근차근 정리하기 시작했다. 평생을 지배해 왔던 뿌리 깊은 디폴트의 실체를 파악한 뒤로 그의 행보는 180도 달라졌으며, 또 거침없었다.

"빌, 다 정리한 다음엔 뭘 하고 싶어요?"

어느 날 내가 묻자, 그가 이렇게 대답했다.

"이제부터는 나 자신을 돕고 싶군요."

그는 누군가를 돕느라 늘 뒷전으로 밀려나 있던 본인의 삶, 본인의 꿈을 되찾고 싶어 했다.

빌의 연락이 다시 온 것은 그로부터 몇 년 뒤였다. 그는 세계적인 환경운동단체인 시에라클럽에서 멸종 위기에 처한 동물들을 구하는 일에 헌신하고 있었다.

◐ 술로 감정을 억눌러 왔던 알코올중독자

5년간 동거를 해 온 롭과 사라의 관계는 겉보기에는 완벽해 보였다. 롭은 마케팅 회사의 팀장으로 승진했고, 사라는 간호사로 일하며 함께 미래를 그려 가고 있었다. 그러나 롭의 내면에는 오랫동안 억눌러 온 무언가가 도사리고 있었다. 사라가 늦게 퇴근하거나 동료들과 어울리는 것조차 그에게는 의심스러운 행동으로 느껴졌다. 그는 처음엔 차가운 침묵으로, 그다음엔 고함으로, 결국엔 물건을 집어던지는 것으로 자신의 감정을 표출했다.

"그만! 이젠 더 못 참겠어. 헤어져!"

사가라 이별을 선언한 그날 밤, 롭은 완전히 이성을 잃었다. 그는 떠나려는 사라의 팔을 붙잡았고, 그녀가 뿌리치자 주먹으로 벽을 쳤다. 그리고 다음 순간, 그의 주먹은 사라의 얼굴로 향했다. 사라는 비명을 질렀고, 이웃의 신고를 받고 온 경찰이 문을 두드렸다. 롭은 수갑을 차고 연행되었다.

구치소에서의 하룻밤은 롭에게 악몽이었다. 차가운 철창 안에서 그는 비로소 자신이 무슨 짓을 저질렀는지 깨달았다. 하지만 그 깨달음은 더 큰 고통을 불러왔다. 석방된 뒤로도 롭은 자신이 쓰레기 같이 느껴져 견딜 수 없었다. 보드카 한 병으로 시작된 음주는 곧 일상이 되었다. 아침에 눈을 뜨면 숙취를 달래기 위해 마시고, 점심엔 스트레스를 핑계로 마셨다. 저녁엔 사라를 잃은 공허함을 채우기 위해 마셨다.

6개월 만에 롭은 일자리를 잃었고, 1년 후엔 아파트에서 쫓겨났다. 롭은 치료 센터를 전전하게 됐다. 여섯 번째로 입원한 알코올중독 치료 시설에서 롭은 거울 속 자신의 모습에 경악했다. 40킬로그램이 빠진 앙상한 몸, 황달로 누렇게 변한 눈, 떨리는 손…. 한때 임원들 앞에서 자신감 넘치게 프레젠테이션하던 그 남자는 어디에도 없었.

나와의 첫 만남에서 롭은 생애 최초로 내면으로의 여행을 시작했다. 자신의 내면을 향해 한 걸음씩 다가갈수록 그의 팔이 떨리고, 다리가 떨리고, 목소리가 떨렸다. 그리고 마침내 그는 자신이 직시해야 할 진실과 마주쳤다.

"나는 화가 나거나 슬프거나 두려울 때마다 술을 마셨습니다. 내 감정을 느끼는 게 너무 무서웠거든요. 난 내 감정을 한 번도 제대로 느껴 본 적도, 다뤄 본 적도 없어요."

롭의 재활은 한마디로 감정과의 전쟁이었다. 수년간 술로 억눌렀던 분노, 후회, 외로움이 한꺼번에 밀려왔다. 몇 번이나 그만두고 싶을 만큼 힘든 과정이었다.

2년간의 재활 과정을 마친 롭은 35세의 나이에 사회복지학을 공부하기 시작했다. 그리고 현재는 학교를 졸업한 뒤 알코올중독자들을 위한 재활센터에서 상담사로 일하고 있다. 과거의 자신과 비슷한 고통을 겪고 있는 사람들에게 그는 이렇게 말한다.

"저도 제 감정을 술로 마취시키던 시절이 있었죠. 하지만 결국 마취된 건 제 인생 전체였습니다. 자기감정을 직시하세요. 용기 내어 감정을 직면하게 될 때, 진짜 치유가 시작됩니다."

공허한 마음 대신 옷장을 채웠던 쇼핑 퀸

폴라에게 주말은 혼자만의 특별한 '이벤트 데이'였다. 매주 토요일이면 그녀는 마치 임무를 수행하듯 백화점으로 향했고, 한참 뒤에 양손에 쇼핑백을 잔뜩 들고 나왔다. 그녀는 뭔가 가득 채운 듯한 기분, 짜릿한 성취감을 느꼈다. 하지만 그 감정은 오래가지 않았다.

일요일 오후가 되면 폴라는 새로 산 옷들을 하나씩 입어보며 현실을 마주해야 했다. 대부분은 충동적으로 구매한 것들이기에 정작 입을 만한 옷은 몇 벌 되지 않았다. 그녀의 옷장은 한 번도 입지 않은 옷들로 가득했다. 침실 한쪽 벽에는 새 옷들이 아직 태그가 달린 채로 걸려 있어 마치 작은 의류 매장을 방불케 했다.

폴라는 매주 같은 패턴을 반복했다. 토요일에 쇼핑하고, 일요일에 후회하며, 다음 주에는 구매한 물건의 대부분을 환불하러 가는 것이었다. 하지만 이런 생활은 오래갈 수 없었다. 신용카드 빚은 눈덩이처럼 불어났고, 폴라의 일상을 점점 짓눌러 왔다. 매달 카드 명세서를 받을 때마다 그녀는 절망감에 빠졌지만, 그 절망마저도 또 다른 쇼핑의 이유가 되곤 했다.

전환점은 예상치 못한 곳에서 왔다. 어느 날 갑자기 심한 치통으로 응급 치료를 받아야 하는 상황이 발생했다. 하지만 보험이 적용되지 않는 치료였고, 폴라의 신용카드는 모두 한도를 초과한 상태였다.

꽝! 그 순간 그녀는 망치로 뒤통수를 맞은 기분이었다. 자신이 얼마나 무책임한 삶을 살아왔는지 깨달았다. 정작 필요한 순간에 쓸 수 있는 돈 한 푼 없다는 현실이 충격으로 다가온 것이다.

폴라는 의사에게 솔직하게 상황을 설명하고 분할 납부를 제안했다. 다행히 의사는 이해해 주었고, 그녀는 매달 조금씩 치료비를 갚기로 약속했다. 그날 집에 돌아온 폴라는 신용카드를 모두 가위로 잘라 버렸다.

나를 찾아왔을 때 그녀는 자신과의 소통이 절실하게 필요한 상황이었다. 우리는 긴 대화를 나누었다. 나는 그녀의 쇼핑 중독 이면에 깊은 공허감이 자리하고 있다는 사실을 알았다. 그녀는 어릴 때부터 작곡가를 꿈꿔 왔다고 했다.

"피아노를 치며 멜로디를 만들어 내는 순간이 가장 행복했어요."

하지만 음악학교를 졸업하고 나이가 들수록 자신감이 점점 사라져 갔다. '과연 내가 음악으로 성공할 수 있을까?' 하는 의문이 들 때마다 그녀는 피아노 뚜껑을 덮고 쇼핑몰로 향한 것이다.

'무작정 쇼핑'이 자신의 디폴트라는 사실을 인식하고 나자 변화가 시작되었다. 변화는 생각보다 어렵지 않았다. 주말에 쇼핑몰에 가는 대신 폴라는 오랫동안 방치해 두었던 피아노 앞에 앉았다. 처음엔 손가락이 굳어서 제대로 연주하기조차 힘들었지만, 시간이 지나면서 점차 예전의 감각을 되찾기 시작했다. 쇼핑 충동이 마음을 자극할 때마다 피아노 연주라는 새로운 디폴트로 반응하자 놀라운 일이 일어났다. 그동안 마음속에 쌓여 있던 감정들이 멜로디로 흘러나오기 시작한 것이다.

이후 폴라는 엄격한 예산 계획을 세워 카드 빚을 갚아 나갔다. 최소한의 생활비만 남기고 매달 일정금액을 부채 상환에 사용했다. 새 옷을 사고 싶은 충동이 일 때마다 그녀는 피아노 앞에 앉았다. 그리고 그 감정을 음악으로 표현했다.

2년이 지난 지금, 폴라의 삶은 완전히 달라졌다. 신용카드 빚은 거의 다 갚았고, 그녀가 작곡한 곡들은 작은 포트폴리오를 이룰 만큼 쌓였으며, 최근에는 지역 신인 작곡가 선발 대회에서 입상하기도 했다. 상금은 크지 않았지만, 폴라에게 새로운 가능성을 열어 주기엔 충분한 계기였다.

폴라는 이렇게 말한다.

"물건을 사는 것으로는 내 안의 공허함을 채울 수 없다는 걸 깨달았어요. 진짜 나를 만족시키는 건 내가 정말 하고 싶었던 일을 해내는 거였어요."

나의 디폴트는 무엇인가?

우리는 모두 저마다의 디폴트를 갖고 있고, 그 형태는 각자의 개성과 삶의 궤적에 따라 천차만별로 나타난다. 대부분의 디폴트는 몸을 통해 말을 걸어온다. 무의식적으로 음식을 주문하는 습관들뿐만 아니라 담배를 피우거나 약에 손을 대거나 술을 마시는 습관들이 모두 여기에 해당하며, 앞서 말했듯이 알아채기도 그다지 어렵지 않다. 하지만 몸이 아닌 마음의 영역에서 작동하는 디폴트들은 훨씬 다양하다.

모든 것을 혼자 짊어지려 애쓰다가 탈진하는 사람이 있는가 하면, 책임이라는 단어만 들어도 도망치는 사람이 있다. 항상 남 탓만 하는 사람이 있는 반면, 남을 챙기는 것이 습관이 되어 정작 자신은 돌보지 못하는 사람도 있고, 베푸는 것에만 익숙해진 나머지 받는 것을 어색해하는 이도 있다. 도움을 요청하면서도 막상 손을 내밀면 뒤로 물러서는 모순적인 행동 역시 우리가 흔히 목격하는 정서적 디폴트의 한 단면이다.

돈에 대해서도 디폴트는 극과 극을 오간다. 한 푼이라도 아껴야 한다는 강박에 사로잡혀 삶의 소소한 기쁨들을 놓치는 경우가 있는가 하면, 과시욕에 이끌려 주머니 사정은 뒷전으로 미룬 채 흥청망청 쓰다가 빚더미에 앉는 이도 있다. 그리고 요즘 들어서는 일에 매몰되어 자신을 잃어버리거나 스마트폰 화면에 갇혀 현실과의 접점을 놓치는 사람, 혹은 끝없는 인터넷 바다에서 표류하며 시간을 낭비하는 사람이 늘고 있다.

마음의 경우엔 어떨까? 마음의 렌즈도 디폴트에 따라 색깔이 달라진다. 세상을 늘 어둡게만 바라보는 사람, 모든 것을 냉소적으로 해석하는 사람, 반대로 현실을 외면한 채 장밋빛 환상에만 기대는 사람이 있다. 현실에서는 만나기 어려운 완벽한 상대만을 기다리며 시간을 허비하거나, 겉으로는 매력적이지만 실속 없는 이들과 관계를 이어 가면서 "왜 나는 이런 사람만 만나게 될까?"라며 한탄하는 것도 우리가 인식하지 못하는 사이에 굳어진 패턴들이다.

심지어 영적인 영역에서도 디폴트는 어김없이 모습을 드

러낸다. 생각이 한쪽으로만 치우쳐 현실을 제대로 보지 못하는 것이다. 타이타닉호가 침몰하는 순간에도, 주식시장이 폭락하는 와중에도 "모든 것이 완벽하다" "모든 일에는 다 이유가 있다"라며 현실 도피성 주문을 외는 사람들을 떠올려 보라. 십 대 아들이 마약 관련 사건으로 체포되어 가정이 위기에 처했는데도, 하루 여섯 시간씩 명상에만 매달리며 진짜 문제와 마주하기를 회피하는 것 역시 잘못된 영적 디폴트의 한 형태다.

자, 이제 스스로에게 "나의 디폴트는 무엇인가?"라는 질문을 던질 시간이다. 우리는 어떻게 자신의 디폴트를 발견할 수 있을까? 답은 의외로 간단하다. 어려움이 닥쳤을 때를 떠올려 보는 것이다. 그럴 때마다 당신은 '늘' 어떻게 반응했는가? 스트레스를 받으면 습관적으로 어떤 행동을 취하는가? 그 반복되는 패턴이 바로 당신만의 디폴트다.

어떤가? 자신만의 디폴트를 찾았는가? 아직 못 찾았다면 좀 더 찬찬히 내면을 바라보라. 진정으로 자신의 디폴트를 자각하지 못한다면, 삶이라는 배는 서서히, 그러나 확실하게 좌초의 길을 걷게 된다. 하지만 그 패턴을 알아차리는 순간, 우리는 비로소 항로를 바꿀 수 있는 기회를 얻게 된다.

●● 디폴트의 배경을 이루는 여섯 가지 내면 테마

우리는 모두 각자의 특정한 방식으로 세상에 반응한다. 같은 상황에서도 누군가는 화를 내고, 누군가는 피하고, 또 다른 누군가는 도움을 주려 한다. 마치 색안경을 쓰고 세상을 보는 것처럼 우리는 저마다의 렌즈로 현실을 해석하고 거기에 반응하며 살아간다. 그런데 이런 디폴트 반응들은 도대체 어디서 오는 걸까?

답은 심리 바탕을 이루는 '내면 테마'에 있다. 평생 우리를 따라다니는 이 테마들은 극복해야 할 과제이기도 하지만, 동시에 우리만의 독특한 인생 이야기를 만들어 내는 재료이기도 하다.

가난한 집 12남매 중 맏이로 태어난 아이를 생각해 보자. 부모가 생계에 바쁜 탓에 그 아이는 관심을 받지 못한 채 자랐다. 어른이 되어서도 돈에 집착하고, 남을 도우면서도 '나만 손해 본다'라는 피해의식에 시달린다.

3년간 부모의 사랑을 독차지하다가 남동생이 태어나면서부터 뒷전으로 밀려난 딸도 마찬가지다. 성인이 된 그녀는 남성과 경쟁하려 하고, 남편까지 경쟁상대로 여겨 결혼 생활이 파탄 날 수도 있다.

혹은 일곱 살 때 교통사고로 아버지를 잃고 하루아침에 가장 역할을 맡게 된 소년은 어떨까? 이런 경우, 성인이 되어서도 누구를 만나든 자신이 책임져야 한다는 강박에 시달리기 십상이다. 물론 정반대로 모든 책임에서 회피하는 경우도 있을 수 있다.

이렇듯 어린 시절에 각인된 경험은 우리 마음속에 첫 번째 음표를 새긴다. 그 이후로 비슷한 감정을 불러일으키는 사건들을 겪으면서 그 음표는 하나의 테마를 지닌 내면의 교향곡이 되어 간다. 이 과정에서 '아, 내 인생은 원래 이런가 보다'라는 체념이 생기고, 그 순간부터 우리는 같은 패턴을 반복하기 시작한다.

정말 난감한 것은 대부분의 사람이 자신의 테마를 인식하지 못한 채 힘든 나날을 보낸다는 점이다. 생각해 보라. 무의식적으로 매번 같은 반응을 되풀이하면서 '왜 이런 일이 계속 일어나지?'라고 자문해 본 적 있지 않은가? 이제 그 반복된 질문에 답해야 할 시간이다.

먼저 자신의 내면 테마부터 알아보자. 그래야만 비로소 자신의 오랜 패턴으로부터 자유의 첫걸음을 뗄 수 있을 것이다. 사람마다 고유의 내면 테마는 다르지만, 일반적으로 자주 나타나는 패턴들을 다음 여섯 가지 유형으로 나누어

볼 수 있다.

소외된 아이

충분한 보살핌을 받지 못한 채 자란 아이는 '소외'이라는 테마를 갖게 된다. 부모가 너무 바쁜 나머지 함께 식사하며 이야기 나눌 시간이 없었거나, 따뜻한 보금자리를 만들어 주지 못했을 때, 아이의 내면에는 외로움이라는 밑그림이 그려지기 시작한다.

예를 들어 맞벌이 가정에서 자란 아이가 텅 빈 집에서 매일 혼자 음식을 시켜 먹으며 부모가 들어오기만 기다렸던 기억, 학교에서 상을 받아도 축하해 줄 사람이 없었던 경험이 쌓인다면? 마치 햇빛을 받지 못한 화분의 식물처럼, 정서적 관심을 받지 못한 마음에 그림자가 짙게 깔린다.

소외감이 드리운 마음은 자존감을 키우기 어렵고, 과식이나 중독 같은 자기 파괴적 행동으로 마음의 빈 구멍을 채우려 한다. 그리고 성인이 되어서도 끊임없이 타인의 관심을 갈구하거나 반대로 아예 사람들과의 관계를 포기하기도 한다.

버림받은 아이

든든한 버팀목이 될 사람이 곁에 없을 때는 '버림받음'이라는 테마가 생긴다. 부모의 죽음이나 반복되는 부재, 혹은 정서적 단절을 겪었을 때 어린 마음에 각인된 상실의 기억은 성인이 되어서도 좀처럼 지워지지 않는다.

다섯 살 때 아버지가 갑작스럽게 세상을 떠난 아이, 어머니가 우울증으로 몇 달씩 집을 비우는 바람에 혼자 남겨진 아이, 혹은 부모가 이혼하면서 한쪽 부모와 완전히 연락이 끊긴 아이들이 여기에 해당한다.

이런 경우 성인이 되어서도 누군가를 다시 잃을까 봐 두려워 깊은 관계를 주저하거나, 역설적으로 언젠가 자신을 떠나게 될 사람들하고만 관계를 맺는다. 심지어 버림받는 것에 익숙해져서 안정적인 관계가 오히려 낯설게 느껴지기도 한다. 연인이 조금만 연락이 늦어도 '이제 끝인가?'라며 불안해하거나 차라리 먼저 관계를 끝내 버리는 경우도 많다.

학대받은 아이

신체적, 정서적, 영적으로 공격받고 모욕당하며 자란 아이에게는 '학대'라는 상처가 새겨진다. 신체적 폭력뿐 아니라 끊임없는 비난과 언어폭력, 재능을 인정받지 못하는 것도 학대에 해당한다.

"너는 왜 이렇게 바보 같니?"라는 말을 매일 듣고 자란 아이, 조금만 실수해도 매를 맞았던 아이, 자신의 꿈이나 재능을 '쓸데없는 일'이라며 무시당했던 아이들이 그렇다. 부모가 알코올중독으로 폭언을 일삼거나 완벽주의 성향으로 아이를 끊임없이 비판했던 경우도 마찬가지다. 가장 안전해야 할 가정에서 받은 상처는 세상 전체에 대한 불신으로 이어진다.

이들은 삶과 세상을 믿지 못하게 되고, 자신과 타인 사이에 두터운 벽을 쌓는다. 성인이 되어서도 '어차피 나는 안 돼'라는 생각에 빠지거나 다른 사람의 선의조차 의심하게 된다. 그리하여 결국은 또 다른 방식으로 스스로를 학대하게 된다.

환영받지 못한 아이

자신이 있는 그대로의 모습으로 받아들여지지 않을 때는 '거부'라는 이름의 테마가 깔린다. 다른 형제가 더 많은 사랑을 받거나 부모가 자신에게 "차라리 태어나지 않았으면" 하고 말할 때 생기는 절망감이 여기에 해당한다.

오랫동안 기다리던 아들 대신 딸이, 혹은 딸 대신 아들이 태어나 실망한 부모 밑에서 자란 아이, 똑똑한 형과 비교당하며 자란 동생, 혹은 "너만 없었다면 우리 가족이 얼마나 행복했을까"라는 말을 들으며 자란 아이도 여기에 포함된다. 부모가 직접 말하지 않아도 표정이나 태도로 거부감을 드러낸 경우도 마찬가지다.

자신이 환영받지 못하는 존재라는 메시지를 받고 자란 아이는 평생 소속감을 찾아 헤맨다. 성인이 되어서도 늘 '내가 여기 있어도 되나?'라는 생각에 시달리고, 자신감 없는 모습 때문에 또다시 거절당하는 상황을 만들기 일쑤다.

질식당한 아이

어릴 적부터 부모가 자신의 삶에 과도하게 개입하고 통제했다면 '정서적 질식'이라는 테마가 생긴다. 주로 부모가 자식을 마치 배우자처럼 의존하거나 모든 걱정을 쏟아 내며 다른 누구와도 친밀한 관계를 맺지 못하게 할 때 나타난다.

혼자 남겨진 어머니가 아들을 남편처럼 대하며 시시콜콜 속마음을 털어놓는 경우, 아이의 친구 관계까지 간섭하며 "엄마한테만 말해"라고 강요하는 경우, 혹은 아이가 독립하려 할 때마다 "엄마를 버리려고 하느냐"며 죄책감을 주는 경우들을 떠올려 보라.

사랑이라는 이름으로 포장된 통제는 아이의 자아를 서서히 질식시킨다. 이들은 자신의 감정과 욕구조차 제대로 갖기 힘들어하고, 자기주장을 펴지 못한다. 성인이 되어서도 '내가 이렇게 생각해도 될까?'라며 스스로를 의심하고, 타인의 눈치를 보며 살아간다.

결핍된 아이

기본적인 의식주를 충분히 누리지 못했다면 '결핍'이라는 테마가 삶을 지배한다. 생존에 필요한 물질적 자원이 부족할 때 느끼는 불안감이다.

가난해서 끼니를 걸러야 했던 기억, 겨울에도 난방비를 아껴야 해서 추위에 떨었던 경험, 친구들과 달리 새 옷이나 학용품을 사지 못했던 아픔들이 쌓이면서 결핍감이 생긴다. 생계에 쫓겨 늘 스트레스를 받고, 허구한 날 아이 앞에서 돈 걱정을 하는 부모의 모습도 아이에게 깊은 상처로 남는다.

결핍의 그림자는 물질적 풍요를 이뤄도 쉽게 사라지지 않는다. 이런 사람은 삶이 충분히 제공해 주리라는 믿음을 갖지 못해 과도하게 소비하거나 반대로 지나치게 아끼는 행동을 보인다. '언제 또 없어질지 모른다'라는 불안감 때문에 충분함의 의미를 제대로 느끼지 못한 채 살아간다.

지금까지 살펴본 여섯 가지 유형의 테마는 각각 다른 모습으로 우리 삶에 그림자를 드리운다. 하지만 두려워할 필요는 없다. 나의 그림자를 알아차리는 것만으로도 변화의 첫걸음을 내디딜 수 있을 테니까.

● 나의 디폴트를 찾아가는 4단계 여정

자신 혹은 누군가의 내면을 들여다보는 것은 그리 즐거운 일이 아니다. 하지만 지금 우리는 자랑스러운 재능이나 아름다움, 지적 능력과는 전혀 다른 영역의 이야기를 하고 있다. 페이스북 친구 수나 인스타그램 팔로워 숫자처럼 과시할 수 있는 것도 아니고, 행복을 가져다주는 요소는 더더욱 아니다. 오히려 그 반대다.

내면 테마는 우리 삶에 끊임없이 등장하는 걸림돌이자 넘어야 할 산이다. 그것은 언제 어디서든 나타나 "지금 어딜 보고 있는 거야? 제발 나를 똑바로 보란 말이야!"라고 소리치며 우리를 괴롭힌다. "괴롭히지 말라고, 그냥 놔둬" 하고 외치기 전에 한번 생각해 보자. 도대체 뭘 똑바로 보란 말인가? 물론 나 자신이다. 정확히 말하면 내 안의 그림자를 직시하란 얘기다.

인생은 감정과 정신이 얽히고설키며 발전해 가는 긴 여행이다. 이 여행에서 우리는 내적 갈등을 해결하고, 진정한 자신을 만나고, 존재의 의미를 발견하게 된다. 이 기나긴 여정은 결국 영적 성장의 궤적을 긋게 될 것이며, 그 첫걸음이 바로 '나의 디폴트 찾기'인 것이다.

디폴트 반응은 대체로 어린 시절의 결핍을 채우려는 보상 욕구에서부터 시작된다. 다시 말해 과거의 상처와 빈 공간을 메우려 애쓰며 특정 패턴에 매달리는 것이다. 마치 부모에게 "이렇게 행동하면 사랑해 주실 거죠?"라고 묻는 아이처럼 스스로에게 "이 방법으로 아픔을 덜 수 있을 거야"라고 다짐하는 것과 같다.

이런 반응들은 우리의 잠재의식 차원에서 일어나기 때문에 현재의 상황에 맞는지, 안 맞는지 따지지 않고 자동으로 반복된다. 그렇지만 삶은, 그리고 내면의 자아는 현재 직면한 어려움 앞에서 해묵은 디폴트 대신 당신의 진짜 능력을 발휘하길 바라고 있다. 겁에 질린 아이처럼 후퇴하거나 익숙한 패턴에 기대지 않고, 용감하게 창의적으로 문제에 맞서기를 원한다.

정서적 상처와 내적 갈등을 확실히 해결하려면 디폴트 뒤에 숨는 대신 정면승부를 택할 수밖에 없다. 만일 당신이 정면승부를 선택했다면, 이제부터 '나의 디폴트 찾기 4단계'를 통해 자신만의 내면 여정을 시작하게 될 것이다.

1단계

나의 삶 전반에 걸쳐 영향력을 행사해 온 나만의 내면 테마가 존재한다는 사실을 인정한다.

많은 사람이 이 첫 단계에서부터 멈칫하곤 한다. 자신의 내면 테마를 인정하는 것 자체가 두렵기 때문이다. 하지만 인생의 주인공이 되고 싶다면 용기 내어 첫발을 떼야 한다. 영웅의 여정을 걸었던 영화 속 모든 주인공이 그랬던 것처럼.

2단계

과거의 상처나 마음에 담아 온 아픔을 구체적으로 탐색해 본다. 글로 써 보거나 신뢰할 만한 사람에게 털어놓는 것이 도움이 된다. 상담사, 치료사, 또는 진심으로 들어 줄 친구라면 누구든지.

두 번째 단계에서는 묻혀 있던 기억들이 수면 위로 떠오른다. 다섯 살 때 겪었던 부모님의 이혼, 첫사랑의 배신, 직장에서의 모욕적인 경험 등을 종이에 쓰거나 신뢰할 만한 사람에게 털어놓는 순간, 그 기억들은 비로소 과거가 된다.

3단계

상처와 아픈 기억들을 가리거나 견뎌 내는 과정에서 저절로 형성된 습관적 행동이 무엇인지 파악한다.

세 번째 단계에서 비로소 패턴이 보인다. 스트레스를 받을 때마다 술을 마시고, 외로우면 온라인 쇼핑을 하고, 불안하면 일에 파묻히는 자신의 모습이 보일 것이다. 이 패턴들이 언제부터 시작되었는지, 무엇을 피하기 위해 생겨났는지도 점점 선명해진다.

4단계

감정을 온전히 치유하는 시간을 갖는다. 슬픔과 화를 있는 그대로 받아들이고, 마음의 안정을 되찾을 때까지 충분히 아파하는 것이다. 전문가의 도움이 있으면 더 수월하지만, 혼자서도 해낼 수 있을 것이다.

감정을 온전히 느낄 수 있다면 네 번째 단계에서 당신은 틀림없이 울게 될 것이다. 슬플 때는 실컷 울고, 화날 때는 베개를 치며 소리 지르고, 무서울 때는 떨면서도 그 두려움과 함께 있어 보라. 갓 태어난 아이를 품에 안듯이 그 모든 감정을 고스란히 껴안아 보라.

위의 4단계 여정을 밟고 나면 당신은 의식적으로 자신의 디폴트와 대면할 수 있게 될 것이다. 그리고 자연스럽게 행동 방식을 바꾸고, 당신을 깨우는 삶의 속삭임에 더 창조적이고 능동적으로 대응할 수 있게 된다.

혹시 '삶의 속삭임'이라는 표현이 낯간지러운가? 그래도 속삭임이 맞다. 삶은 우리에게 늘 속삭여 왔고, 지금도 속삭이고 있다. 익숙한 패턴에서 벗어나라고, 고착화된 일상에 안주하지 말라고. 삶은 또 우리에게 이렇게 속삭여 왔다.

"너의 내면 테마를 똑바로 응시하고 알아채는 거야. 그리고 이제부터 스스로 너만의 새로운 테마를, 그리고 네가 선택한 삶과 미래를 새롭게 디자인해 봐."

단지 우리가 그 속삭임을 못 듣거나 외면해 왔을 뿐이다. 삶은 우리가 저마다의 고통을 충분히 경험하고 받아들인 뒤, 그것을 놓아주고 확신에 찬 모습으로 변화하기를 기대한다. 개인마다 고유한 내면 테마를 가지고 있듯이, 각자의 내면에는 저마다의 특별한 재능과 역량, 창조력이 잠들어 있다. 삶이 우리에게 진정 원하는 것은 바로 그 능력을 끄집어내어 마음껏 펼치는 것이다.

●● 삶을 다시 디자인할 수 있을까?

"어렵게 생각할 것 없어요. '내 인생은 내가 디자인한다'는 이 약속 하나만 지키면 되거든요."

내 맞은편 자리에 앉아 이렇게 말하던 앨런의 모습이 가끔 떠오른다. 그 한마디에 한 남자의 모든 인생이 고스란히 응축되어 있었기 때문이다.

열세 살 때 소년 앨런은 세상이 무너져 내리는 경험을 했다. 아버지가 젊고 아름다운 여비서와 눈이 맞아 집을 떠났고, 하루아침에 혼자가 된 어머니는 하나밖에 없는 아들마저 잃을까 봐 두려워 그림자처럼 앨런에게 매달리기 시작했다. 그렇게 앨런은 남편을 잃은 여인에게 '대체품' 같은 존재가 되었다. 그는 영화관에서 엄마의 데이트 상대가 되어 주었고, 정원에서는 땀 흘려 일하는 일꾼이 되었으며, 때로는 어머니의 마음을 달래 주는 상담사 역할까지 했다.

하지만 성장해 가면서 앨런은 이런 삶이 자연스럽지 않다는 것, 그리고 자신이 어머니의 불안을 채우는 도구로 전락하고 있다는 사실을 깨달았다. 그때부터 그는 일부러 바쁜 일정을 만들어 냈고, 학교 특별활동이라는 핑계로 집에 늦게 들어가곤 했다. 그런 작은 거짓말들이 쌓여 잠시나마 자유의 틈새를 만들어 냈다.

열여덟 살, 고등학교 졸업과 함께 앨런의 손에는 오리건 행 버스표를 살 수 있는 돈이 쥐어졌다. 그 작은 돈뭉치는 단순한 교통비가 아니었다. 그것은 자신만의 인생을 향한 첫 번째 투자였다.

인생의 첫 번째 둥지를 떠나던 날, 앨런의 가슴에는 죄책감이 무겁게 내려앉았다.

'어머니를 혼자 남겨 두고 가는 것이 옳은 일일까?'

하지만 그는 알고 있었다. 평생 어머니라는 그림자를 달고 살아갈 수는 없다는 사실을. 버스가 출발하는 순간, 앨런의 머리에 하나의 맹세가 새겨졌다.

'내 인생은 내가 디자인한다!'

이는 단순한 구호가 아니었다. 그것은 앨런의 삶을 관통하는 철학이자 세상을 바라보는 독특한 렌즈였다. 이후로 그는 크고 작은 문제에 직면할 때마다 남들과는 다른 해법을 찾아냈다.

대학원 시절, 돈이 부족해지자 그는 두꺼운 박스로 가구를 만들었다. 부담스러운 주거비를 줄이기 위해 아파트 안에 벽을 세워 '여분의 방'을 만들어 임대했다. 휴가조차 남들과 달랐다. 연이어 두 번의 휴가를 떠나며 진정한 쉼이 무엇인지 탐구했다. 이러한 창의적 시도들은 단순한 생존술이 아니었다. 그것은 앨런이 세상에 던지는 질문이었다.

'왜 모든 사람이 같은 방식으로 살아야 하지? 나만의 방식은 없을까?'

사회생활을 시작한 그는 가구와 사무용품을 디자인하는 전문가가 되었다. 비록 열 평 남짓한 작은 공간이지만, 그의 집은 모든 것이 완벽하게 조화를 이루는 예술품 같은 공간이다. 그는 직접 기른 채소로 식탁을 차리고, 해마다 석 달씩 바닷가로 낚시 여행을 떠난다. 지금도 그는 끊임없이 자신을 재창조하며 살아가고 있다. 말 그대로 자신의 삶을 스스로 디자인하는 예술가이자 철학자로.

당신은 앨런 이야기에서 무엇을 느꼈는가? 사람들에게 이 이야기를 들려 줄 때면, 모두 똑같은 반응을 보이곤 한다.

"어떻게 하면 그런 삶을 살 수 있죠?"

그렇게 말하는 사람들과 앨런의 차이점은 사실 디폴트 하나뿐이다. 특히 위기가 찾아왔을 때 사람들은 대부분 수동적이 된다. 뿌리 깊은 관습과 두려움 때문에 남들의 조언만 맹목적으로 따를 뿐 스스로 무언가를 시도해 보려 하지 않는다. 하지만 앨런은 정반대로 했다. 그는 외부의 목소리 대신 내면에서 들려오는 삶의 속삭임에 귀 기울였다.

'잘 찾아봐. 분명히 너만의 방법이 있을 거야.'

삶이 당신에게 완전히 다른 태도를 요구한다는 사실을 깨닫기 위해서는 창의적이고 적극적인 마음가짐이 필요하다. 그리고 어떤 행동을 선택할지 결정하는 데에도 용기가 따라야 한다. 그것이 상어를 향해 헤엄쳐 가는 일이든, 친구들의 만류에도 불구하고 주식을 모두 매도하는 일이든, 아니면 앞마당을 갈아엎어 유기농 정원을 만드는 일이든 말이다.

그러고 보면 세상이 말하는 위기와 시련이란, 오히려 우리 삶에 남아 있는 디폴트의 찌꺼기들을 씻어 낼 절호의 기회가 아닐까? 나아가 삶이 우리에게 해답을 전하는 속삭임을 들을 수 있는 소중한 순간이며 일생일대의 전환점이 될 수도 있지 않을까?

삶의 해답이 찾아오는 순간

조용한 공간을 찾아 잠시 혼자 있어 보자. 당연히 핸드폰도 꺼 두고, 웬만하면 외부 소음도 차단하길 바란다. 이제부터 최소 10분간, 이 세상에서 우리를 방해할 존재는 아무도 없다. 자, 이제 내면을 향해 질문을 던져 보자.

- 보이지 않는 곳에서 당신 삶의 전반에 영향력을 행사하고 있는 내면 테마는 무엇인가?

- 스트레스 받을 때마다 습관적으로 누르는 '자멸 버튼'은 무엇인가? 냉장고 문을 여는가? 술병 뚜껑을 여는가? 휴대폰으로 도망치는가? 침대에 파묻히는가? 온라인 쇼핑을 하는가? 남 탓을 하는가?

- 이 디폴트는 언제, 어떻게 생겨났는가? 몇 살 때인가? 누가 상처를 주었는가? 어떤 사건이 이런 방어기제를 만들게 했는가? 그때의 당신은 얼마나 무력했는가?

- 지금의 상황에 이르기까지 당신의 디폴트가 얼마나 작

용했는가? 건강, 인간관계, 커리어, 경제 상황, 이 모든 것이 디폴트와 얼마나 긴밀하게 연결되어 있는가?

• 디폴트를 없애기 위해 당장 할 수 있는 일은 무엇인가? 신용카드 잘라 버리기는 어떤가? 소셜미디어 앱 삭제하기, 술·담배 쓰레기통에 버리기, 냉장고에서 정크푸드 치워 버리기, 독이 되는 인간관계 차단하기…. 이 중 무엇을 당장 시작해 보겠는가?

• 파괴적인 디폴트 대신 보다 생산적인 습관을 만들려면 당장 어떻게 해야 하는가? 매일 아침 20분 산책하기, 매일 밤 감사 일기 세 줄 쓰기, 매주 한 명씩 소중한 사람에게 안부 문자 보내기는 어떤가?

모든 사람은
세상을 바꾸겠다고 생각하지만,
정작 자신을 바꾸겠다고
생각하는 사람은 없다.

_레프 톨스토이

3

'익숙한 나'와 작별하라

> "사람은 누구나 자신에게 익숙한 목발에
> 몸을 의지하고 싶어 한다."
> _ 쥘 짐머

아무리 열악한 상황에서도 놀라울 만큼 긍정적인 사람이 있는가 하면, 성공적인 삶을 누리면서도 매사에 불만투성이인 사람이 있다. 대니얼은 후자에 속했다. 잘나가는 회계사인 그는 꽤 유명한 소프트웨어 회사에서 일하고 있었다. 직장 규모로 보나 연봉으로 보나 전혀 남부럽지 않은 위치에 있었지만, 그는 언제나 잔뜩 찌푸린 표정이었고 입만 열면 불평불만을 쏟아 내곤 했다.

출퇴근 거리가 너무 멀다고, 아파트 위층에 사는 사람들이 너무 시끄럽다고, 여자 친구가 좀 더 자주 만나자고 조른다며 불평했다. 날씨에 대해, 도시의 매연에 대해, 직장동료들에 대해, 사무실 근처의 형편없는 식당에 대해서도 불만을 터뜨렸다. 다른 도시에 있는 글로벌 회사에 다녔더라면 연봉을 훨씬 더 많이 받았을 거라며 투덜댔고, 오랫동안 지병을 앓고 있는 어머니 때문에 이곳을 떠날 수 없다고 불평했다.

대니얼의 이야기를 종합해 보면, 결국 그는 자신이 몸담은 현실 자체가 불만인 셈이다. 그렇다면 대니얼은 자신의 불만족스러운 현실을 바꾸기 위해 어떤 행동을 취했을까? 그는 아무것도 하지 않았다. 그저 하루하루 불평거리를 늘려 갈 뿐이었다. 그렇게 불만의 에너지가 차곡차곡 쌓여 임계점을 넘어서자 드디어 우주가 움직이기 시작했다.

어느 여름날 오후, 대니얼은 난데없이 해고당했다. 사전 통보도 없었고, 그럴 만한 어떤 징후도 전혀 없었다. 설상가상으로 그는 해고 수당이나 퇴직금조차 받지 못했다. 뒤통수를 한 방 얻어맞은 기분이었다. 앞으로 어떻게 해야 하나, 앞이 캄캄해졌다. 그로부터 3주 뒤 갑작스럽게 어머니가 돌아가셨다. 그리고 언제든 결혼할 수 있으니 서두를 것 없다고 여겨 온 여자 친구가 이별을 선언했다. 그녀는 다른 남자가 생겼다고 했다. 대니얼은 삶이 한꺼번에 무너지는 것을 그저 바라볼 수밖에 없었다.

"3주, 딱 3주일 만에 삶이 와르르 무너져 내렸어요."

상담 첫날 대니얼이 내게 말했다. 그리고 비슷한 상황에 처한 사람들이 한결같이 하는 말을 중얼중얼 되뇌었다.

"나한테 왜 이런 일이 생겼는지 모르겠어요."

내가 물었다.

"정말 모르시겠어요?"

"혹시 내가 불평을 너무 자주 했던 게 원인인가 싶기도 해요."

"원인이라기보단, 일종의 신호가 아니었을까요?"

"신호라뇨?"

"당신이 뭔가 바꾸거나 달라져야 한다는 신호 말이에요."

● 모든 것이 무너진 뒤에야 보이는 것들

삶의 계절이 바뀌고 변화가 찾아올 때마다 우리는 폭풍 같은 시련 속에서 매번 선택의 갈림길 앞에 서게 된다. 당신은 계속 앞으로 나아갈 수도 있고 뒤로 물러설 수도 있다. 날개를 펼쳐 하늘로 솟구치는 것도 당신의 선택이고, 파편 속에서 방황하는 것 역시 당신의 선택이다.

우리는 반드시 어느 한 가지를 선택해야만 한다. 세상의 리듬이 바뀔 때마다 우리도 새로운 박자에 맞춰 춤을 출 수밖에 없고, 주변 환경이 요동치면 우리의 대응 방식 또한 마땅히 달라져야 한다. 물결 위에 떨어진 나뭇잎처럼 우리는 살아가는 동안 끝없이 출렁이는 변화의 물결 위에서 단 한 순간도 멈춰 있을 수 없다.

사랑하던 이가 떠나고, 일상이 무너지고, 몸과 마음이 말을 듣지 않을 때 우리는 더 이상 살던 대로 살 수 없게 되었다는 사실을 인정하게 된다. 한 가지 분명한 건, 지금 당신이 마주한 시련에는 어떤 심오한 목적이 숨어 있다는 사실이다. 그런데… 도대체 그 목적이란 게 무엇일까?

신을 믿건 우주를 믿건 무엇을 믿건 간에 그 어떤 절대적인 힘이 당신에게 끝없이 속삭인다고 상상해 보라. 이렇게 말이다.

"이젠 달라져야 해. 더는 그 자리에 머물 수 없어."

익숙한 삶의 방식이 더는 통하지 않을 때 우리는 당황하고 화가 난다. 하지만 그 감정들조차 변화의 첫 징후일지 모른다. 삶은 우리가 한 번도 생각해 본 적 없는 방향으로 눈을 돌리게 만든다. 마치 "인생은 벌고 쓰는 것이 전부라고 생각했지만 사실은 그렇지 않다"라는 윌리엄 워즈워스William

Wordsworth의 시구처럼 말이다.

상담이 진행되는 동안 대니얼은 자신에게 닥친 시련이 다름 아닌 세상을 보는 시각과 태도를 바꿔 보라는 삶의 신호이자 경고라는 사실을 어렴풋이 받아들이기 시작했다. 언제까지나 곁에 있을 거라고 여겼던 '당연한 것들'이 한꺼번에 흩어지고 나자, 그는 불평거리마저 모두 사라졌다고 말했다.

나는 그에게 물었다.

"어때요? 앞이 캄캄한 느낌인가요?"

"당연히 캄캄하죠. 그런데 그게 전부는 아닌 것 같아요."

"그럼 또 뭐가 있죠?"

"전에는 몰랐던 것들, 보지 못했던 것들이 보이는 것 같아요."

삶이 무너지면 앞이 캄캄해진다고들 하지만, 사실 모든 것이 무너진 다음에야 비로소 보이는 것들이 있다.

대니얼에겐 무엇이 보이기 시작했을까? 그는 자신이 다니던 직장이 사실 모두가 선망하는 회사였다는 사실을 알게 되었다. 여자 친구도 진심으로 자신을 사랑했건만, 본인은 정작 그녀와 너무 가까워지는 게 두려웠다고 털어놓았다. 그리고 하나뿐인 어머니가 조금씩 죽음을 향해 다가가고 있었는데도, 어머니 때문에 이곳을 벗어나지 못한다는 자기 연민에 빠져 제대로 관심조차 기울이지 않았다고 후회했다. 마지막으로 대니얼은 거울을 통해 울고 있는 자신을 보았다. 마음 깊은 곳에는 고통스러운 기억과 상처들이 여전히 남아 있었지만, 그는 이제라도 세상을 전과 다른 눈으로 보고 싶어 했다.

그 뒤 그는 다시 일자리를 찾기 위해 면접을 보러 다니기 시작했다. 번번이 퇴짜를 맞곤 했지만, 면접 기회를 얻었다는 사실 자체에 감사했고, 면접관을 만날 때마다 반드시 "면접 기회를 주셔서 감사합니다"라는 말을 건넸다.

헤어진 여자 친구에게 편지를 써서 그녀와 함께한 시간이 얼마나 소중했는지 전했다. 얼마 후 두 사람은 잠깐 시간을 내어 만남을 가졌다. 그녀는 돌아올 생각이 없다고 분명히 밝혔지만, 그는 어쨌거나 이렇게 편안하게 관계를 정리할 수 있게 된 것을 감사하게 여겼다.

대니얼은 여전히 구직 활동 중이다. 새로운 여자 친구도 아직 만나지 못한 상태이며, 어머니가 돌아가신 후 찾아온 경제적 어려움에서도 벗어나지 못하고 있다. 하지만 놀랍게도 그의 얼굴에서는 불평불만을 찾아볼 수가 없다. 오히려 예전보다 훨씬 평온한 표정이다. 그는 자신이 겪은, 그리고 지금도 겪고 있는 시련의 여파를 모두 '삶이 준 선물'이라고 말한다. 또 한 가지 달라진 점이 있다면, 그는 요즘 '감사합니다'라는 말을 입에 달고 산다.

● '붕괴'라는 이름의 터닝 포인트

영화나 소설을 비롯한 다양한 이야기의 주인공은 A지점에서 B지점으로 영적 이동을 한다. 나약한 인물에서 강인한 인물로, 비겁한 인물에서 용감한 인물로, 이기적인 인물에서 이타적인 인물로 변해 가는 것이다. 그 이동 과정에서 벌어지는 갈등과 모험들이 모여 한 편의 서사를 이룬다.

그런데 주인공들은 대부분 A지점을 떠나기 전에 한없이 머뭇거리고 갈등하고 회피하려 든다. 익숙하고 편안했던 '지금까지의 삶'을 쉽게 버리지 못하기 때문이다. 하지만 주인공이 A지점에만 계속 머물다 끝나는 이야기가 있던가?

작가는 어떡하든 주인공을 B지점으로 떠나보내기 위해 특단의 조치를 내린다. 어떻게? 편하고 익숙했던 세상을 떠날 수밖에 없는 극단적 상황을 설정하는 것이다. 예를 들어 주인공이 수배를 당하거나 누명을 쓰거나 한순간에 모든 것을 잃게 만드는 것이다. 그리하여 우리의 주인공은 싫든 좋든 기존의 삶에서 벗어나 미지의 삶으로 이동하기 시작한다. 흥미진진한 영웅의 서사가 시작되는 것도 이때부터다.

사실 우리의 삶도 이와 다르지 않다. 대니얼의 이야기에서 주인공은 당연히 대니얼이다. 이야기의 시작점에서 그는 이기적인 투덜이였지만, 나중엔 '감사합니다'를 입에 달고 사는 인물이 되었다. 이전과는 전혀 다른 인물로 바뀌는 이 극적인 과정이 저절로 이루어질 수 있었을까? 이에 대해 대니얼은 이렇게 말했다.

"글쎄요, 아무 일 없이 저 스스로 깨닫기는 불가능했을 거예요."

그동안 당연한 듯이 누려 왔던 삶이 붕괴되었지만, 대니얼은 이제 그 경험을 담담히, 그리고 감사히 받아들인다고 했다. 이런 태도야말로 그가 예전과는 완전히 다른 사람으로 거듭났음을 보여 준다. 결국 대니얼에게 닥친 일련의 재앙과 시련은 주인공인 그를 변화시키기 위한 작가(신, 우주, 삶 등등)의 설정이었던 셈이다.

지금도 우리 주변엔 많은 이들이 괴롭고 힘겨운 시간을 견뎌 내고 있다. 병마에 시달리거나 재정이 파탄 나거나 가정이 위태로워지는가 하면 지진, 허리케인, 홍수 같은 자연재해로 모든 것이 무너지기도 한다. 이런 일들은 그 자체로도 비극이지만, 언제까지나 그저 비극으로만 대한다면 정말 아무것도 얻을 수 없을 것이다.

삶에서 벌어지는 일련의 비극들은 한마디로 '이전과 다른 사람이 되어야 한다'라는 강렬한 메시지라고 봐야 한다. 그 비극적 사건들을 통해 우주가 이렇게 말을 걸어오는 것이다.

"그동안 수없이 신호를 보냈잖아. 네가 달라지기를 그토록 바랐지만, 넌 여전히 그대로였어. 그래서 너를 위해, 너의 새로운 인생을 위해 이렇게 마지막으로 특별한 기회를 주는 거야."

어쩌면 당신은 화가 치밀어오를지도 모른다.

"지금 이렇게 고통스러운데, 죽을 만큼 힘든데 무슨 소리야? 내가 왜 달라져야 해? 난 그냥 지금의 나로 살고 싶단 말이야!"

당연한 반응이다. 시련의 한복판에서 고통의 시간을 간신히 견디고 있는데 '변화'니 '영적 성장'이니 하는 소리가 무슨 소용일까? 하지만 우리는 이미 알고 있다. 이렇게 힘든 시간이 영원하진 않을 거라는 사실을, 이 폭풍 같은 시간도 결국은 흘러갈 것이고 우리도 다시 일어나 삶을 이어 가리라는 것을 말이다. 그렇게 다시 삶이 재개될 때 더 많은 것,

더 좋은 것을 누리며 살 수 있는 방법이 하나 있다. 바로 '예전의 나'와 결별하는 것이다.

만일 당신이 예전의 모습에서 벗어나 전혀 다른 사람이 될 수만 있다면 이전보다 훨씬 여유롭고 평온한 삶을 경험하게 될 것이다. 그곳이 바로 달라진 당신을 위한 인생의 B지점이다. 물론 그 지점은 '예전의 나'로는 결코 닿을 수 없는 곳에 있다.

●● 삶의 장르를 바꾸기 위한 첫 번째 컷

예전의 나와 다른 사람이 된다는 말에는 다양한 의미가 담겨 있다. 그것은 삶에 대한 태도나 감정에 관한 것일 수도 있고, 어쩌면 이전에는 한 번도 해 보지 않은 새로운 행동에 관한 것일 수도 있다. 어떤 경우든 변화를 받아들이고 실행에 옮기기로 했다면, 당신이 가장 먼저 해야 할 일은 무엇보다 자신의 디폴트를 알아채는 것이다.

앞서 2장에서 살펴봤듯이 적절한 해결책이 아닌데도 늘 반복해 온 습관적 행동이 무엇인지 알아챘다면, 스스로 그다음 어떤 행동을 해야 할지를 물어보라. 그렇다고 집을 리

모델링하거나 직장을 옮기는 등 주변 상황을 통째로 바꿔야 한다는 얘긴 아니다. 또한 당장 현실에 적용할 수 있는 기막힌 해결책을 생각해 내란 뜻도 아니다.

우리가 먼저 해야 할 일은 그런 외적인 조치가 아니라 자신의 내면 풍경에 변화를 주는 것이다. 이를테면 불평불만에서 감사하는 마음으로, 비난에서 칭찬으로, 적대에서 포용으로 한 뼘씩 옮겨 가는 것이다. 마치 이야기의 주인공이 A지점에서 B지점로 이동하는 것처럼 말이다.

물론 마음먹는다고 당장 변하진 않는다. 하지만 매일매일 틈날 때마다 자신의 패턴을 알아차리는 연습을 하다 보면 어느 순간 변화의 가속도를 경험하게 될 것이다.

예를 들어 오래간만에 잘 차려입고 외출하려는데 화창하던 날씨가 급변하면서 갑자기 빗방울이 떨어진다. 이럴 때 당신은 주로 어떻게 반응하는가? "빌어먹을, 날씨가 미쳤네, 미쳤어"라고 하는가? 아니면 "어라, 분위기 좋은걸? 재즈 음악에 커피 한 잔이 딱 어울리는 날씨야" 하는 식인가?

눈치챘겠지만 자신의 디폴트를 알아챈다는 것은 내면 깊은 곳에 깔려 있는 부정적인 밑그림을 조금씩 지워 나가는 과정이다.

'그런 일은 나한테 절대로 일어나지 않을 거야' 하는 단호

하고 방어적인 태도로 사는 사람과 '세상이 나한테 어떤 선물을 줄지 누가 알아?' 이렇게 기대감을 품고 사는 사람 중에서 당신은 어느 쪽으로 옮겨 가고 싶은가?

한 가지만 기억하자. 내면의 태도가 부정에서 긍정으로 바뀌는 순간, 사람이 변하고 삶이 달라진다. 감정 상태가 부정적이냐 긍정적이냐에 따라 에너지의 성질이 바뀐다는 사실은 이미 과학적으로도 증명된 바 있다.

우리는 모두 각자의 삶에서 유일무이한 주인공으로 살아간다. 당신의 삶에서는 단연코 당신이 주인공일 수밖에 없다. 한 사람의 삶이 한 편의 영화라면 지금까지 당신이 살아온 삶의 장르는 무엇인가? 호러인가, 액션인가? 코미디인가, 로맨스인가? 어떤 장르라도 상관없다. 흥미로운 것은, 당신이 마음먹기에 따라 인생이라는 영화 장르를 얼마든지 바꿀 수 있다는 사실이다.

어떤가? 주인공인 당신에게 묻는다. 영화의 장르를 바꿔 볼 텐가? 등장인물과 사건, 아니 시나리오 전체를 바꿔 보고 싶은가? 그렇다면 그 첫 번째 신부터 찍어 보자.

첫 장면의 첫 번째 컷을 찍으려면 우선 약간의 용기가 필요하다. 지금 당신을 둘러싼 상황이 얼마나 답답하고 막막하든 상관없다. 바로 그 자리에서 한 발짝만 내디뎌 보자. 어제까지의 당신이라면 절대 상상조차 하지 못했을 그런 액션을 시도하는 것이다. 혼돈의 바다 한가운데로 과감하게 다이빙하는 컷일 수도 있고, 그동안 차마 꺼내지 못했던 속마음을 상대방에게 건네는 장면일 수도 있다. 매번 부당한 명령을 내리는 상사에게 큰소리로 "No!"라고 외치는 장면은 어떤가? 어떤 장면이건 당신이 첫 번째 컷을 찍는 그 순간, 당신의 삶은, 그리고 이전까지의 장르는 새로운 흐름으로 방향을 바꾸기 시작한다.

'장르를 바꿔 보라고? 용기 내서 첫 번째 컷을 찍어 보라고? 흠, 흥미롭군. 언제 한번 시도해 봐야겠어.'

혹시 소파에 앉아 고개를 끄덕이며 이런 생각을 하고 있진 않은가? 이해한다. 아직은 선뜻 용기가 나지 않을 수도 있다. 그렇다면 당장 용기라는 근육부터 키워 보자. 아주 작고 소박한 움직임부터 시도해 보는 것이다.

예컨대 언제나 소파 깊숙이 앉아 감자칩을 먹으며 TV를 보면서 저녁 시간을 보냈다면, 오늘은 슬그머니 집 앞으로 걸어나가 딱 30분만 산책해 보자. 해가 어떻게 저무는지, 밤하늘에 혹시 별이 떴는지 두리번거리며 걸어 보자. 만일 당신이 늘 회색빛 안경을 낀 채 세상을 바라보던 염세주의자였다면, 오늘부터 누군가 "요즘 어때?"라고 물었을 때 "환상적이야! 모든 게 완벽해!"라고 환하게 대답해 보자. 이전까지와는 전혀 다른 대답을 억지로 만들어서라도 해 보는 것이다. 습관처럼 말이다.

또 만약 당신이 회사에서 쫓겨났다는 사실을 숨긴 채 전전긍긍하고 있다면, 오늘은 친구나 배우자, 혹은 연인의 어깨에 머리를 기대고 펑펑 울어 보자. 자신이 얼마나 초라하고 작게 느껴지는지를 있는 그대로 털어놓아 보자. 그러면 마음 깊은 곳에서 오랫동안 목말라했던 따뜻한 위로를 얻게 될 것이다.

이미 짐작했겠지만, 삶의 장르를 바꾸기 위한 당신의 첫 번째 컷은 무엇이 됐건 예전과 다른, 그리고 한 번도 해 보지 않은 행동을 의미한다. 우울이라는 커튼을 확 열어젖힌 다음, 트렁크에 옷가지들을 쑤셔 넣고 무작정 여행을 떠나 보는 것도 좋다. 맘에 드는 운동화를 사서 신고 나무늘보처럼 천천히 걸어 보는 건 어떤가? 바쁘다는 핑계로 늘 소원했던 딸에게 다가가 거실 바닥에 나란히 엎드려 함께 스케치북에 실컷 낙서도 해 보자.

딸이 "엄마, 아빠가 좀 이상해!"라고 소리쳐도 괜찮다. 주변에서 "너 좀 이상해진 것 같다"라는 소리를 들을 만큼 달라져 보란 얘기다. 이렇게 과거의 내 모습, 내 분위기를 하나씩 지워 가다 보면 자연스럽게 다음 컷과 다음 장면을 어떻게 찍어야 할지 알게 되는 순간이 온다.

● 모든 것이 한순간에 극적으로 바뀔 수도 있다

로셸은 주로 부유층을 상대하는 삼십 대 초반의 공인중개사였다. 그녀는 날마다 포르쉐를 타고 부촌의 탁 트인 도로를 달렸다. 빼어난 외모와 더불어 성공한 공인중개사로서의 자신감이 그녀의 트레이드마크였다. 그녀의 귀에는 언제나 휴대폰이 찰싹 달라붙어 있었고, 일과가 끝나면 수시로 코카인을 즐기곤 했다.

그녀는 누굴 만나건 당당하고 자랑스럽게 명함을 내밀 정도의 사회적 위치에 올랐다. 테이블 위에 놓인 코카인을 볼 때마다 그녀는 그것을 마치 고급 와인이나 명품 가방처럼 성공한 사람들만이 누릴 수 있는 특권이라고 생각했다.

그런데 여느 때처럼 코카인 파티를 즐긴 뒤 소파에서 눈을 떴을 때 갑자기 세상이 기울어져 보였다. 어질어질한 상태로 비틀거리며 거울 앞에 섰을 때 그녀는 '뇌가 두개골 안에서 비뚤어져 있는 듯한' 기분이 들었다. 그것은 단순한 숙취가 아니었다. 어디선가 쿵, 하는 환청이 느껴졌다. 그때의 상황을 회상하며 그녀는 '화려한 삶의 이면에서 무언가 서서히 무너져 내리는 소리를 들은 것 같다'라고 표현했다.

"뭐랄까, 아직 닥치지 않은 몰락의 징후를 느낀 것 같아요."

그녀는 거울 앞에서 지금까지의 삶을 들여다보았다.

'나는 정말 이런 삶에 만족하고 있나? 이러다가 혹시 마약 중독자로 전락하진 않을까? 내가 정말 원하는 삶은 어떤 모습일까?'

로셸은 당장 광고를 뒤져 심리 상담사를 찾아갔다. 큰 기대는 없었지만, 어쩌면 이것이 변화를 향한 첫걸음은 될 수 있을 것 같았다. 다행히 로셸이 만난 심리 상담사는 그녀의 내면 풍경을 제대로 들여다보고 충분히 공감해 주었다. 긴 대화 끝에 로셸은 마침내 현재의 환경을 바꾸지 않으면 자신도 달라질 수 없다는 결론에 도달했다. 다시 말해 자기 삶의 장르를 완전히 바꾸기로 한 것이다.

그녀는 과감하게 첫 장면을 찍기 시작했다. 우선 회사에 사표를 내고 짐을 정리한 다음, 반려견과 함께 다른 주의 작은 도시로 훌쩍 떠난 것이다.

그녀는 낯선 곳에서 모든 것을 처음부터 다시 시작했다. 마사지 숍의 접수 직원으로 취직하고, 지역 YMCA에 가입

했으며, 아침마다 수영장으로 달려갔다. 그리니치 빌리지와 포르쉐, 화려한 코카인 파티 따위는 이제 먼 과거가 되었다. 달라진 장르에서 그녀의 하루하루는 소박하면서도 매 순간 살아 있음을 느낄 수 있는 시간이었다.

얼마 후 로셸은 자신의 소중한 일상을 글로 적어 지역 신문사에 투고하기도 했다. 그런데 뜻밖에도 신문사의 편집장에게서 연락이 왔다.

"로셸, 글솜씨가 정말 훌륭하군요. 혹시 칼럼을 연재해 보실 생각은 없나요?"

로셸은 흔쾌히 제안을 받아들였다. 그리고 그때부터 삶의 변화를 주제로 한 에세이를 집필하기 시작했다. 이렇게 그녀는 자기 삶의 장르를 스스로 바꾸었다. 코카인을 즐기던 맨해튼의 불안불안한 커리어우먼에서 시골 생활을 마음껏 즐기며 글을 쓰는 작가의 삶으로.

●● '나'라는 주인공이 바뀌면 삶의 장르도 변한다

로셸의 이야기는 다분히 획기적이고 드라마틱한 경우에 속한다. 그렇다고 우리 모두가 그녀처럼 한순간에 삶을 몽

땅 바꿔야 할 필요는 없다. 때로는 자신을 규정했던 초기 설정에 살짝 변화를 주기만 해도 삶이 바뀔 수 있다. 셰릴의 이야기가 바로 그런 경우에 속한다.

셰릴은 남달리 머리가 뛰어난 스물여섯 살 여성이었다. 고등학교 시절부터 그녀는 늘 전교 1등을 차지했고, 최소한 학업에서만큼은 누구에게도 뒤지지 않았다. 그녀의 표정에서는 언제나 '차가운 지성'이 느껴졌고, 그래서인지 친구들 사이에서도 은근히 '얼음 소녀'로 통할 때가 많았다. 그런 그녀에게 남자 친구가 하나 있었는데 그 역시 전교 상위권을 놓치지 않는 우등생이었다. 둘은 서로의 좋은 머리와 성적에 끌려 같이 도서관에서 시간을 보내고, 어려운 수학 문제를 풀어 가며 고교 시절을 함께했다.

그런데 남자 친구가 장학금을 받고 하버드 대학에 진학한 뒤로 상황이 확 달라졌다. 갑작스럽게 이별 통보를 해 온 것이다. 셰릴은 마음에 큰 상처를 입었고 이때부터 지독한 외로움에 시달리기 시작했다. 대학에 들어간 뒤에도 셰릴의 외로움은 계속되었다. 분명 자신은 똑똑하고 매력적인 사람이라고 생각했는데, 아무도 진정한 관심을 보이지 않는 것 같았다. 강의실에서는 여전히 뛰어난 성적을 유지했지만, 캠퍼스를 홀로 걸을 때면 마치 투명 인간이라도 된 듯한 기분이 들었다.

'뭐가 잘못된 거지? 내가 뭘 잘못한 걸까? 왜 나는 늘 혼자일까?'

이런 의문들이 그녀의 마음을 짓눌렀다.

처음 상담을 시작하던 날, 나는 그녀에게 '관객'의 시선으로 자신의 지난날을 바라보라고 권했다. 그리고 이때부터 셰릴은 서서히 진실을 마주하게 되었다. 우선 그녀는 지난날 자신이 맺었던 관계들 대부분이 진정한 감정적 교류가 아닌 일종의 지적 거래에 가까웠다는 사실을 깨달았다. 고등학교 때 사귄 그 남자 친구는 셰릴의 성적이 좋았기 때문에 그녀를 선택한 것이었고, 그녀 또한 그의 숙제를 도와주는 역할에 만족했던 것이다.

로맨틱한 연애라고 생각했던 것들이 사실은 공부를 위한 파트너십에 불과했다는 깨달음은 그녀에게 충격이었다. 그 충격이 어느 정도 가시자 셰릴이 말했다.

"지금까지 저는 인간관계에서 늘 지적 능력만을 내세웠어요. 그게 문제였던 거죠."

나는 그녀에게 두 가지 새로운 것을 실천해 보라고 권했다. 첫째, 누구를 만나든 항상 밝은 얼굴로 미소를 지을 것. 둘째, 만나는 모든 사람에게 진심 어린 칭찬을 한 가지씩 건네 볼 것.

셰릴은 고개를 저었다.

"너무 낯간지럽고 민망해요. 그런 게 정말 효과가 있을까요?"

하지만 상담이 끝났을 때 셰릴은 문을 열고 나가면서 자기도 모르게 나를 향해 환하게 미소 지었다. 그 순간, 나는 그녀의 변화가 이미 시작되었다는 걸 느낄 수 있었다.

몇 주 후 다시 만난 셰릴의 모습은 사뭇 달라져 있었다. 그녀는 기쁜 목소리로 근황을 전했다.

"정말 신기해요. 사람들과 훨씬 가까워진 것 같아요. 예전엔 느껴 본 적 없는 따뜻한 관계들이 생겼어요."

그리고 잠시 망설이더니 수줍게 덧붙였다.

"태어나서 처음으로 느꼈어요. 그저 그런 '똑똑한 여자'가 아니라, 진짜 '나'로 살아가는 느낌 말이에요."

자기 삶의 장르를 바꾸기 위해 그녀가 처음 찍은 컷은 '미소'였다. 셰릴은 그렇게 주인공인 자신을 새롭게 설정하여 마침내 삶의 장르를 바꾸었다. 차갑고 지적인 외톨이에서 진심 어린 미소로 사람들에게 다가가는 매력적인 여성으로.

🟢 기적은 첫발을 떼는 순간부터 시작된다

어쩌면 당신은 지금, 어제까지의 삶과는 전혀 다른 삶 앞에 서 있을지도 모른다. 사랑하던 사람이 뒤도 돌아보지 않고 떠나갔거나 계좌에 먼지만 쌓이고 일터의 문은 차갑게 닫혔을 수도 있다. 아니면 몸이 말을 듣지 않거나 마음 한구석이 와르르 무너져 내렸을 수도 있다. 이런 변화 앞에서 우리는 당황하고, 슬픔과 분노를 느낀다.

하지만 당신은 이제 싫든 좋든 예전엔 생각지도 못했던 일들을 해야만 한다. 반짝이는 쇼핑몰 대신 구석진 중고 가게를 뒤져야 하고, 작은 사치조차 포기해야 하며, 어쩔 수 없이 다시 부모의 품으로 돌아가야 한다. 자존심이 바닥에 떨어진다.

이런 고난과 시련들을 우리는 '삶의 평온을 뒤흔드는 불청객'으로 여긴다. 하지만 생각을 바꿔 보자. 이 끔찍한 일들이 어쩌면 신이, 혹은 우주가 정성스럽게 포장해서 보낸 선물은 아닐까? 쿵, 하는 충격음과 함께 "이제, 그만 일어나. 너의 그 낡고 오래된 껍데기를 벗어던져!"라는 신호를 보내온 것은 아닐까?

사실 우리 앞에 닥친 모든 일들은 우연이 아니다. 좋은 일이건 나쁜 일이건 모든 것엔 이유와 목적이 있다. 앞서 얘기했듯이 그 목적이란 결국 우리를 완전히 새로운 존재로 변화시키는 것이다. 그냥 예전처럼 흘러가는 대로 살았더라면 결코 만날 수 없었을 깨달음과 함께.

우리가 원했건 원하지 않았건, 혹은 알았건 몰랐건 우리는 끝없이 성장하려고 한다. 그래서 매 순간 성장통이라는 아픔을 넘어서고, 숨겨진 재능을 깨워 가며 자신의 여정을 계속하고 있다. 만일 당신이 지금까지 익숙한 패턴에 안주하며 성장을 미뤄 왔다면, 우주가 마침내 "어이, 이제 일어날 시간이야"라고 속삭인다. 편안한 의자에 작은 가시를 숨겨 두고 당신을 펄쩍 뛰어오르게 만드는 것처럼, 우주가 당신을 향해 "너의 변화를 기다리고 있었어"라고 말하는 것이다.

결핍은 창조의 어머니이고, 뜻밖의 상실은 영적 성숙의 디딤돌이며, 절망의 사막은 새로운 생명을 잉태하는 땅이 된다. 어느 날 삶이 당신에게 낯선 것들을 요구하더라도 불평하지 말자. 기꺼이 그 도전을 받아들이고, 비틀거려도 좋으니 앞으로 나아가자. 아직 시작도 못 했다면 스스로에게 물어보라.

"어떻게 첫걸음을 뗄 것인가?"

그리고 믿어 보자. 지금 당신이 내딛는 첫걸음이 또 어떤 기적을 만나게 해 줄지를. 지금 내딛는 한 걸음, 그 작은 변화가 당신을 상상도 못 한 세계로 이끌 수 있다. 항해 중에 경로를 바꿔야 할 때도 있겠지만, 중요한 건 지금 당장 시작하는 것이다. 지금 바로 움직이는 것이다. 현재 당신이 겪는 고통을 우주의 다정한 신호로 받아들이자.

"그래, 이제 방향을 바꿀 때야."

그렇게 방향을 바꿔 첫걸음을 내딛는 순간, 당신을 둘러싼 모든 것들, 삶과 세상과 우주가 일제히 당신의 여정을 도와주는 순풍이 되어 돌아올 것이다.

●● 내 안에 숨겨 둔 욕망을 깨워라

"대프니, 이제 좀 여유가 생겼잖아. 당장 뭐 하고 싶어?"
"나? 파리에 가고 싶어."

벌써 20년도 더 된 것 같다. 그즈음 나는 책을 홍보하느라 사방팔방 정신없이 뛰어다니고, 밤마다 원고 마감에 쫓기고, 일주일에 두 번씩 LA까지 오가는 살인적인 스케줄에 시달리고 있었다. 가까스로 급한 일들을 해결한 뒤 완전히 녹초가 된 상태로 동료와 식사하던 중에 갑자기 "당장 뭐 하고 싶어?"라는 질문을 받은 것이다. 그때 내 입에서 불쑥 이 말이 튀어나왔다.

"주말에 파리로 떠나고 싶어."

농담이었을까? 진담이었을까? 솔직히 나도 잘 몰랐다. 하지만 그 말이 입 밖으로 튀어나온 그 순간, 뭔가 확실해졌다. 동료는 내 말을 농담으로 받아들였는지 웃으며 이렇게 말했다.

"파리? 파리 좋지! 나도 따라가고 싶은데 월요일 미팅 때문에 힘들겠네. 잘 다녀와, 대프니!"

집으로 돌아가는 길에 나는 곰곰 생각해 봤다. 대체 무슨 바람이 불어서 그런 말이 튀어나왔을까? 알고 보니 내 안 깊숙한 곳에서 오랫동안 파리행을 간절히 원하고 있었던 것 같았다. 용기가 없어서 혼자서는 못 갈 것 같고, 어쩌면 누군가의 동참을 바라며 던진 일종의 SOS 신호였던 셈이다.

자정이 넘어 집에 도착하자마자 당장 여행 가방부터 꺼냈다. '정말 가는 거야?' 내 안의 목소리에 짐짓 고개를 끄덕이며 혼잣말로 대답했다.

"그래, 갈 거야. 내일 당장!"

나는 밤늦도록 짐을 쌌다. 그리고 다음 날 아침 여행사에 전화를 걸어 항공권을 예약했다. 그날 오후 2시, 나는 파리

행 비행기 좌석에 앉아 있었다.

파리는 태어나서 두 번째였다. 첫 방문은 이틀짜리 출장 때문이었다. 그때 머물렀던 동네 이름이 어렴풋이 기억났다. 나는 서툰 프랑스어로 택시 기사에게 설명했고, 얼마 후 예전에 묵었던 그 작은 호텔 앞에 도착했다. 그런데 하필 만실이었다. 어떡한담…. 아쉽긴 했지만 당황하진 않았다. 나는 가방을 끌고 주변을 어슬렁거리다가 길모퉁이 작은 호텔을 발견했다. 안내인이 조금 까칠했지만 뭐 어떤가! 방은 구했으니 됐다.

나는 그 호텔 방에서 사흘 동안 카페오레와 크루아상을 친구 삼아 미친 듯이 글을 썼다. 그리고 월요일 저녁 비행기로 다시 일상에 복귀했다. 그 이후로 나는 매년 파리에 간다. 갈 때마다 그때 묵었던 그 작은 호텔 방에서 글을 썼다. 거기서 쓴 책만 해도 벌써 몇 권이 된다. 때로는 뜻밖의 충동이 인생의 가장 정확한 나침반이 되기도 한다. 금요일 밤의 엉뚱한 고백이 연례행사가 된 것처럼.

과거의 나를 버리고 새로운 나로 거듭나는 것은 한 번에 이루어지는 일이 아니다. 나는 다섯 번의 실패 끝에 간신히 금연에 성공했다. 첫 번째는 무작정 '오늘부터 금연!'을 외치기도 했고, 두 번째는 금연에 도움이 되는 책을 읽고, 세 번째는 행동 수정 치료, 네 번째는 참을 때마다 셀프 선물, 그리고 다섯 번째 금연 교실에서 비로소 성공했다.

명상도 마찬가지다. 한번 앉아서 "옴-"한다고 마음의 평화가 찾아오는 건 아니다. 이사할 때도 수십 개의 박스를 싸야 하고, 취직할 때도 이력서 백 장 정도는 써야 하듯이 수없이 시도하고 반복해 습관을 바꾸어야 인생이 바뀐다. 변화에도 연습이 필요하다. '천 리 길도 한 걸음부터!' 진부한 말이지만 진리다.

우리는 유명한 사람들이 갑자기 '뿅!' 하고 나타난 줄 안다. 천만에! 비틀스도 영국과 미국에서 뜨기 전에 독일 변두리 클럽에서 몇 년간 무명으로 보냈다.

변화는 무수한 연습의 과정이고 장대한 여정이다. "파리 가고 싶어" 그 한마디가 내 입에서 튀어나왔을 때 나는 그냥 지루한 일상이 싫었을 뿐이다. 그런데 그 느닷없는 주말여행이 내 평생 최고의 글쓰기 여행이 될 줄 누가 알았겠나?

자, 이제 당신 차례다. 지금 당신 마음속에서 무엇이 꿈틀대고 있는가? 내일 내딛게 될 당신의 첫걸음은? 늘 생각만 하고 시간 없다, 용기 없다며 미뤄 둔 일은 무엇인가?

내가 아는 어느 뚱뚱한 식당 주인은 매일 문 열기 전 한 블록 걷기로 하루를 시작했다. 정말 딱 그거 하나만 했다. 그리고 2년 후 그는 27킬로그램 감량에 성공했다.

또 한 사업가는 부동산 투자로 쫄딱 망했지만, 인터넷 강의를 수강하고 재택 사업을 시작해 지금은 1년의 절반을 타히티에서 보낸다. 그 과정에서 그는 싸구려 원룸으로 네 번 이사했고, 신용카드 여섯 장을 잘라 냈으며, 컴퓨터 강습을 일곱 번이나 들었다.

얼마 전에 내 친구가 된 어떤 스튜어디스는 23년간 하늘만 날아다니는 일에 질려서 베란다에 세면대를 설치하고 집에 미용실을 차렸다. 이것을 위해 그녀는 3개월 무급휴가, 6개월 공부와 자료조사, 스무 명의 배관공을 집으로 부르는 지난한 과정을 거쳤다. 그리고 지금은 아주 잘나가는 헤어 숍을 운영하고 있다.

마법 같은 건 없다. 하지만 기적은 있다. 매일의 작은 변화가 쌓여 만드는 기적 말이다.

삶의 해답이 찾아오는 순간

삶은 때때로 시련이라는 신호탄으로 우리를 일깨운다. 그러니 시련이 닥쳤을 때 거기에 매몰되기보다는 그 뒤에 숨은 속삭임에 귀 기울여 보길 바란다. 그리고 다음의 질문들을 스스로에게 던져 보라. 삶이 가져다준 해답이 당신의 삶을 확실히 인도해 줄 것이다.

- 지금 겪고 있는 시련은 당신에게 어떤 변화를 재촉하는 것인가?

- 지금 당장 어떤 행동을 취해야 하는가? 어떤 감정을 가져야 하는가? 전과 다르게 어떻게 대응해야 하는가? 만일 일과 삶의 균형이 깨져서 표류하고 있다면, 그 괴로움은 "가족을 돌아보라. 특히 아이들과 더 많은 시간을 보내라" 하고 말하는 것일지도 모른다.

- 지금 겪고 있는 괴로움이나 시련이 무엇인지 글로 적어 보자. 구체적으로 정확하고 솔직하게 써 보라.

- 시련에 담긴 목적이 무엇일지 생각해 보고 글로 적어 보라. 왜 하필 지금, 왜 하필 당신에게 시련이 닥쳤는지, 이 일이 당신을 어디로 이끌고 있는지 생각해 보라.

- 삶의 방향, 태도, 행동, 선택 등을 변화시키기 위해 내디뎌야 할 첫걸음은 무엇인가? 가족과 더 많은 시간을 보내기 위해 일주일에 4일 일찍 귀가할 것인가? 재정 위기를 극복하기 위해 외식 대신 집에서 식사할 것인가? 이기적인 삶에서 벗어나기 위해 유기견 보호소에서 자원봉사를 시작할 것인가? 첫걸음 뒤에 이어질 행동들도 대여섯 가지 적어 보라. 변화는 연속이다.

- 변화를 위해 노력하는 동안 "어떤 일이 닥쳐도 내 안에는 그걸 헤쳐 나갈 수 있는 에너지가 있어. 난 그걸 믿어" "지금 당장은 가는 방향이 불확실하지만 결국엔 어딘가에 꼭 이르게 될 거야"와 같은 나만의 문구를 만들어 매일 되뇌어 보자. 결국은 그 한마디, 한마디가 당신을 지켜 줄 것이다.

두 번은 없다. 지금도 그렇고
앞으로도 그럴 것이다
그러므로 우리는
아무런 연습 없이 태어나서
아무런 훈련 없이 죽는다
…
힘겨운 나날들, 무엇 때문에 너는
쓸데없는 불안으로 두려워하는가
너는 존재한다 - 그러므로 사라질 것이다
너는 사라진다 - 그러므로 아름답다

_비스와바 쉼보르스카, 〈두 번은 없다〉 중에서

4

놓아주고
떠나보내라

"내가 놓아준 모든 것에는
놓지 않으려고 발버둥친 흔적이 선명하게 남아 있다."
_ 마이클 피크

칼턴에게서 전화가 걸려 왔다. 그는 얼마 전부터 내게 상담을 받기 시작한 중년 남자였다.

"제니 때문에 너무 괴로워요."

14년을 함께 살아온 아내 제니가 느닷없이 별거 선언을 했다는 것이다. 그는 이대로 아내와 영영 헤어지게 될지도 모른다는 불안감 때문에 어쩔 줄 몰라 했다.

"도대체 제니가 왜 그러는 걸까요?"

나는 그에게 되물었다.

"정말 짐작 가는 게 하나도 없어요? 아내분이 갑자기 왜 그런 선언을 했는지?"

"몰라요. 정말 모르겠어요."

아니, 그는 알고 있다. 다만 자신이 알고 있다는 사실을 인정하기 싫은 것이다. 나는 칼턴에게 사무실로 와 달라고 했다. 오면서 제니와 함께 살았던 날들과, 둘이서 주로 나누었던 대화들까지 찬찬히 떠올려 보라고 했다.

그날, 늦은 오후에 칼턴이 문을 열고 들어섰다. 잔뜩 상기된 표정이었고, 눈동자도 약간 붉게 물들어 있었다.

나는 그에게 물었다.

"울었어요?"

"조금요."

그는 오는 도중에 잠시 마음을 가라앉히려고 갓길에 차를 세웠는데, 갑자기 눈물이 나왔다고 했다. 좋은 신호다. 어쩌면 대면하기 힘든 자신의 또 다른 면을 직시할 용기가 생겼을 수도 있다. 그가 다시 말문을 열었다.

"말씀하신 대로 제니와 함께한 날들과 나눈 대화들을 떠올려 봤습니다."

지난 십여 년을 되돌아보니 그동안 제니가 그에게 이러저러한 점들을 고쳤으면 좋겠다고 수없이 말했지만, 그는 언제나 아내의 말을 흘려들은 것 같다고 했다. 그리고 불현듯, 제니가 했던 그 모든 말이 그냥 하는 소리가 아니라, 진지한

부탁이거나 아니면 엄중한 경고였을지도 모른다는 사실을 깨달았다고도 했다.

"하지만 이젠 너무 늦었어요. 우리 관계는 이미 뒤틀려 버렸어요. 어떻게 하면 이 상황을 되돌릴 수 있을까요?"

칼턴은 아내가 사실상 이혼을 원할지도 모른다는 생각이 들었고, 이대로 결혼생활이 끝나게 될 수도 있을 것 같아 견딜 수 없다고 했다. 그는 여전히 충격과 분노와 두려움에 휩싸여 있었다. 그러면서 내심 내가 "괜찮아요, 별일 없을 거예요. 며칠 지나면 다시 연락이 올 거예요. 이혼이란 게 말처럼 쉬운 건 아니잖아요"라고 말해 주기를 바라는 눈치였다.

"한 가지 분명한 사실은, 제니가 당신을 놓아주기로 했다는 거예요. 그리고 이젠 당신이 제니를 놓아줘야 할 때인 것 같네요."

"전 제니에게 놓아 달라고 한 적이 없어요. 그럴 생각도 없고."

칼턴은 고개를 완강하게 저었다. 그러더니 괴로움과 분노가 뒤섞인 어조로 내게 물었다.

"도대체 내가 왜 그녀를 놓아줘야 하죠?"

왜 놓아줘야 할까?

"돌아가고 싶어. 이런 일이 생기기 전으로 돌아가고 싶어!"

고통스러운 상황이 닥쳤을 때 우리는 늘 이렇게 외친다. 아무 일도 없었던 그때, 아무런 문제도 없이 평안하게 지내던 그때로 돌아가고 싶다고. 하지만 현재 우리에게 닥친 시련의 씨앗은 '아무 일도 없었다'고 생각하는 바로 그 시기에 이미 뿌려진 것들이다. 설령 타임머신이나 마법의 힘으로 시간을 되돌린다 한들 그 시련을 피할 길은 없다는 얘기다. 인정할 건 인정해야 한다. 그래야 다음 행동을 취할 수 있다.

우리는 과거로 돌아갈 수도 없을뿐더러, 돌아가서 문제를 해결한다 해도 필시 또 다른 문제가 생기게 마련이다. 누구에게나 평생 동안 반드시 감당해야 할 성장통이 있기 때문이다. 다만, 그 피할 수 없는 시련의 아픔을 조금 덜거나 좀 더 지혜롭게 극복할 방법은 찾아볼 수 있다. 그러기 위해서 우리에게 꼭 필요한 것이 바로 '놓아주기'다.

왜 놓아줘야 할까? 떠나가는 사람을, 미련과 욕심을, 뭐든지 통제하려는 그 욕구를 왜 버려야 할까? 이유는 간단하다. 때가 되었기 때문이다. 놓아줘야 할 때, 그리고 다시 앞으로 나아가야 할 때가 된 것이다.

놓아준다는 것은 스물여섯 살 난 자녀가 이제 집을 떠나 독립하려는 것만큼 자연스러운 일이다. 부부관계나 인간관계가 어긋났다면 서로를 놓아주는 수밖에 없다. 잘 굴러가던 사업체가 벽에 부딪히면 이제 과거의 성공 방정식을 버리고 새로운 길을 찾아야 한다. 강을 다 건너고 이제 산길을 만났다면 타고 온 배를 놔두고 가야 하는 것과 같은 이치다. 불교에서 말하는 '시절 인연'을 받아들여야 할 때가 온 것이다.

그런데 이게 참 쉽지 않다. 우리는 잘 내려놓지 못한다. 과거와 연결된 집착의 끈을 여간해선 끊어 내지 못한다. 너무 두렵기 때문이다. 집착은 두려움의 다른 이름이다.

서커스의 공중 곡예사를 떠올려 보자. 그는 첫 번째 막대를 잡고 허공을 가른다. 그런 다음 두 번째 막대를 잡고 맞은편까지 건너가야 한다. 만약에 첫 번째 막대를 놓기가 두려워 계속 붙잡고 있다면? 그는 허공에서 무의미한 진자운동을 반복할 수밖에 없을 것이다.

주변을 둘러보라. 번번이 같은 문제를 반복해 가며 이도 저도 못 하고 제자리에서 발만 동동 구르는 사람들이 있지 않은가? 시련이 닥치면 누구나 괴롭기 마련이지만, 둘러보면 유독 거기서 헤어나지 못하는 사람이 있다.

그 사람은 왜 그럴까? 놓아야 할 막대를 아직도 꽉 쥐고 있기 때문이다. 과거의 모습이나 과거의 방식, 혹은 미련과 후회를 여전히 붙잡고 있어 다음 막대를 잡을 수 없는 것이다. 고통이 커지고 길어지는 이유가 바로 여기에 있다.

"그걸 놓아주라고? 안 돼요, 그것만큼은 절대 내려놓을 수 없어요. 다른 건 몰라도 그것만큼은 안 돼요!"

놓아주기에 대해서 이야기할 때마다 내가 가장 자주 듣는 말이다. 이해하고도 남는다. 사람마다 정말 놓지 못하고 내려놓을 수 없는 무언가가 있기 때문이다. 때로는 그걸 내려놓는 것이 마치 낭떠러지에서 떨어지는 것만큼 무서운 일이다. 가장 아끼던 것, 어쩌면 그걸 놓아 버리면 나 자신이 와르르 무너져 내릴 만큼 소중한 것을 버리는 일이니까.

소중하고 익숙하고 편했던 과거의 것들을 놓아줘야 할 때 우리는 대부분 정체성의 혼란을 겪게 된다. 한때 잘나가던 사람일수록 더 그렇다. 내가 알코올중독 치료센터에서 만난 어느 오십 대 여인은 아직도 빛나는 외모를 뽐내던 자신의 리즈 시절을 그리워했고, 거리에서 살아가는 어느 노숙자는 여전히 20년 전 학부 수석 졸업이라는 과거의 영광에서 벗어나지 못한 상태였다. 이처럼 흘러간 과거, 이제는 세상 어디에도 존재하지 않는 허상에 집착할수록 새로운 나로 태어나기란 점점 어려워진다.

●● 놓아 버리면 잡을 수 있는 것들

시련은 우리가 죽을힘을 다해 붙잡고 있었던 게 뭔지를 알아차리게 해 준다. 쿵, 하는 충격과 함께 삶을 뒤흔들던 폭풍이 서서히 가시고 나면 폐허처럼 변해 버린 일상 위로 그제야 드러나는 것들이 있다. 그동안 나의 발목을 붙잡고 있던 것들이 이제 점점 선명해진다. 무엇을 내려놓고, 무엇을 끊어 내야 하는지도 알게 된다. 파괴적인 인간관계, 설레지 않는 목표, 지리멸렬한 일상, 대책 없는 지출 습관….

과거의 악습과 연결된 그 질긴 끈을 끊어 낼 수 있다면 그때부터 당신은 앞으로 나아가게 된다. 그동안 요란하게 헛바퀴만 돌리던 지프가 마침내 진흙탕을 벗어나 대지를 향해 질주하는 모습을 상상해 보라.

당신은 이제 미지의 벌판을 거침없이 질주한다. 비로소 원하는 삶을 스스로 만들어 가는 능동적인 주체로 거듭나는 순간이다. 어제까지는 엄두도 못 내던 행동을 하기 시작한다. 눈물 젖은 일기장을 찢어 버리고, 집을 팔고, 직장을 때려치우고, 이혼 서류에 도장을 찍는다.

이제 당신은 자유롭게 뭐든지 스스로 결정할 수 있는 고유의 권리를 되찾았다. 쭈뼛거리지 말고, 눈치 보지 말고 모든 가능성을 자신에게 허용하자. 누군가를 다시 사랑할 수도 있고, 다시 건강해질 수 있으며, 나에게 딱 맞는 일을 찾을 수도 있다. 무엇이든 가슴을 뛰게 하는 그 일을 시작하자. 그것이 바로 당신의 내면 깊은 곳에서 늘 원해 온 삶이다.

나는 한때 택시 기사였던 중소기업체 사장을 알고 있다. 젊은 시절 식당 종업원으로 일했던 팝스타도 알고, 늦은 나이에 야간경비원으로 일하다가 책을 써서 인기 작가로 거듭난 육십 대 남자도 안다. 때가 되면 고치를 뚫고 나와 힘차게 날갯짓하는 나비처럼 그들 역시 인생의 결정적인 시기에 익숙한 과거와 결별하고 미지의 내일을 선택한 사람들이다.

물론 인생의 시즌 1에서 벗어나 시즌 2로 진입하는 과정에는 지독한 아픔과 두려움이 따른다. 대부분의 사람이 그 문 앞에서 망설이고 괴로워한다. 그래서 마치 병 안에 든 코코넛을 움켜쥐고서 손을 빼내지 못하는 원숭이처럼 이러지도 저러지도 못한 채 바동거리는 것이다.

우리는 늘 더 많이 갖거나 혹은 아무것도 잃지 않으려는 욕심 때문에 스스로 곤경에 처하곤 한다. 하지만 삶이라는 쇼핑몰에서 마음에 드는 물건을 전부 다 살 수는 없는 법이다. 피난길에 오르면서 주방 스토브를 짊어지고 갈 수도 없다. 이미 가진 것과 아직 갖지 못한 것, 그 모두를 동시에 소유할 수는 없다. 오래된 소파와 새로운 소파를 나란히 거실에 놓을 수는 없지 않은가. 버릴 것은 버려야 한다.

나는 그동안 수많은 만남을 통해 그들이 이전의 관계로부터, 혹은 이전의 삶으로부터 현명하게 벗어날 수 있도록 도왔다. 그들 대부분은 이전 삶의 요소들과 이별하는 과정에서 너무도 아파하고 괴로워했다. 그러나 시간이 흘러 새로운 삶을 살아가게 될 때, 다시 옛 시절로 돌아가고 싶어 하는 사람은 단 한 명도 보지 못했다. 누구나 "그때가 좋았지"라고 입버릇처럼 말하곤 하지만, 진심으로 돌아가고 싶냐는 질문에는 다들 입을 다문다.

왜 그럴까? 인간이란 성장하는 동물이기 때문이다. 우리 내면에는 언제나 앞을 향해 움직이려는 속성이 있다. 언제나 예전과는 다른 모습으로 탈바꿈하려는 강렬한 욕구, 지금보다 더 나은 모습, 더 지혜롭고 더 사랑받고 더 사랑하는 존재가 되려는 욕구가 존재한다.

도저히 놓을 수 없는 것들을 놓아 버린 사람들에겐 전혀 상상하지 못했던 일들이 벌어진다. 우선 예전보다 더 많은 에너지가 생겨난다. 버리고 놓아줘서 생긴 빈자리에 새로운 가능성의 씨앗들이 뿌려지기 때문이다. 아니면 그 빈자리에 아무것도 없이 그저 여백의 공간만 남아 있을 때도 있는데,

그것 역시 그 자체로 의미가 있다.

예컨대 고생 끝에 마침내 20킬로그램을 감량했을 때 느끼는 가벼움, 혹은 폭력적인 남편과의 관계에 마침표를 찍었을 때 집안에 찾아오는 평화 같은 것들이 그렇다. 덜어 내면 더 많은 것을 얻을 기회가 생겨나고, 비우면 더 의미 있고, 더 새로운 것을 채울 공간이 생겨난다.

그렇다고 지금 당장 놓아준다고 해서 그 즉시 상황이 호전되리라는 기대는 하지 말자. 어쩌면 그런 기대조차 내려놔야 할 수도 있다. 또 자신과의 협상이나 거래도 금물이다. 가령 '…하면 그때 놓아줄 거야'라는 식으로 생각하지 말자는 얘기다.

놓아준다는 것은 미래의 원하는 결과를 위해 현재의 조건(인간관계, 결혼생활, 직장 등)들을 당분간 잠시 정지시켜 둔다는 의미도 아니다. 놓아준다는 것, 내려놓고 떠나보낸다는 것은 당신 삶의 어느 한 조각(특정한 관계나 과거의 습관 등)이 주어진 역할과 몫을 다했으며, 이제 완전히 떠나보내야 할 때가 되었다는 사실을 인정한다는 뜻이다.

가슴이 원하는 일을 하라

내가 알던 맷은 전형적인 성공 스토리의 주인공이었다. 그는 MBA 학위를 따고 대학원을 졸업하자마자 유명 대기업에 입사하면서 사회생활을 시작했다. 이후 순전히 본인의 실력으로 승진을 거듭하더니 마침내 스물일곱 살이라는 젊은 나이에 팀장 자리까지 올랐다. 탄탄대로에 올라선 그는 왕복 세 시간에 걸친 출퇴근길을 오가며 하루 열 시간 넘도록 일하면서도 고된 줄을 몰랐다. 에너지는 넘쳐났고 야망도 점점 커졌다.

그러다 스물여덟 살이 되던 해 어느 날 맷이 갑자기 쿵, 쓰러졌다. 심장발작이었다. 병실에서 깨어나자마자 맷은 충격과 공포에 몸을 떨었다.

'설마 나도 아버지처럼?'

아버지가 쉰여섯 살에 심장발작으로 세상을 떠났다는 사실이 떠오른 것이다. '나도 죽을 수 있다'라는 현실, '어쩌면 생각보다 일찍 죽을 수도 있다'라는 공포에 휩싸인 그는 온종일 병상에 누워 아무것도 하지 않았다. 아니, 아무것도 하지 않은 건 아니었다. 그는 무언가를 깊이 생각하고 있었다.

퇴근 무렵 회사 대표가 병실에 들러 그의 어깨를 두드리며 말했다.

"6개월 장기 휴가를 줄 테니 푹 쉬게. 그러고 나면 좋아질 거야."

맷은 말없이 고개를 끄덕였고, 퇴원하자마자 과감한 결정을 내렸다. 우선 살던 아파트를 세놓고 밴 한 대를 마련했다. 목적지는 캘리포니아 해안 도시였다. 병실에서 줄곧 생각해 둔 계획을 하나하나 실천하기 시작한 것이다.

그는 해변에서 캠핑을 하고, 아침마다 바닷바람을 깊게 들이마시며 산책을 즐겼다. 소년 시절 이후로 이처럼 느긋하고 한적한 기분을 느껴 본 적이 있었나 싶었다. 아침저녁으로 바닷가를 걸으며 그는 생애 처음으로 '죽음'에 대해 깊이 생각했다. 그런데 이상하게도 죽음을 생각할수록 점점 '삶'이라는 화두가 선명해졌다.

'나는 왜 살아갈까?'

'삶이 나에게 원하는 것은 무엇일까?'

'내가 삶에서 원하는 것은 무엇일까?'

하나의 질문 뒤에 또 하나의 질문이 계속 꼬리를 물며 이어졌다. 그렇게 하루이틀 시간이 흐르고, 어느덧 6개월이 지났다. 맷은 다시 한번 스스로에게 물었다.

'이제 회사에 돌아가야겠지?'

그때 가슴에서 신호가 울렸다. 쿵쿵, 아니라는 뜻이었다. 그건 아니야, 돌아가는 건 답이 아니야. 일 때문에 죽음의 문턱까지 갔다 왔으면서 다시 그곳으로 돌아간다는 말인가?

'그래도 돌아가야 하지 않아? 모든 걸 다 버릴 순 없잖아?'

그동안의 성취, 쌓아 둔 업무, 여섯 자리 연봉, 늘 베스트까지 갖춰 입던 근사한 양복, 고급 아파트… 정말 그 모든 걸 다 버린다고? 맷은 고개를 끄덕였다.

'그래, 다 버리는 거야.'

여행에서 돌아오자마자 맷은 사장에게 전화를 걸었다. 그리고 회사로 복귀하지 않겠다는 말을 전했다. 영원히 복귀하지 않겠다고. 수화기에서 사장의 고함이 들려왔다.

"제정신인가? 휴가가 너무 길어서 판단력이 흐려진 거 아니야?"

"정신은 말짱합니다. 휴가 동안 충분히 생각하고 내린 결정입니다. 회사를 그만두겠습니다."

사장은 당황하더니 파격적인 제안을 꺼냈다.

"이봐, 맷! 자넨 우리 회사에 꼭 필요한 핵심 인재야. 연봉도 대폭 올려 줄 생각일세. 자넨 유력한 차기 CEO란 말일세."

순간 맷은 한 번 더 망설였다.

'지금까지 쌓아 온 모든 것을 정말 버려야 할까? 모두가

부러워하는 장밋빛 인생을 이대로 등져야 할까? 대체 뭘 위해서?'

그는 흔들렸다.

'지금이라도 사장에게 했던 말을 물려야 하지 않을까?'

그 순간 가슴에서 또다시 강렬한 신호음이 울렸다.

쿵쿵, 쿵쿵!

바닷가에서 얻은 깨달음과 그때의 결심이 떠올랐다.

'그래, 다 내려놓기로 했잖아. 삶을 위해서, 내가 선택한 진짜 삶을 살기 위해서.'

"죄송합니다, 사장님. 저는 이미 결심했고, 되돌릴 생각이 없습니다."

이튿날 아침, 맷은 회사로 찾아가 사표를 제출했다.

이후 몇 개월 동안 그는 자신이 선택한 삶을 살기 위해 퇴직금을 좀 더 지혜롭게 소비하기로 했다. 그는 이곳저곳 여행을 다니면서 다양한 건강식을 접했고, 또 어떤 도시에서는 아르바이트를 해 가며 틈틈이 요가 수업도 받았다. 이렇듯 스스로 치유하는 시간을 거치며 맷은 몸과 마음의 조화에 대해, 건강과 행복의 상관관계에 대해 깊이 성찰하게 되었다.

어느 날 그는 낯선 도시의 요가 센터를 찾아가 그곳 운영자에게 제안했다.

"주방에서 일을 하고 싶습니다. 보수는 필요 없고, 그냥 요가 수업만 받을 수 있게 해 주세요."

운영자는 그의 제안을 흔쾌히 받아들였다.

이때부터 맷은 센터에서 설거지와 청소를 하는 대가로 요가를 배웠다. 생전 처음 느끼는 충만함이었다.

그게 벌써 8년 전 이야기다. 맷은 현재 전문 요가 강사이자 영양 컨설턴트로도 활약하고 있다. 일은 전혀 고되지 않고, 몸과 마음이 늘 조화로운 상태라고 한다. 말 그대로 모든 것을 버린 후에야 진정한 평화와 자신의 소명을 찾은 것이다. 오랜만에 만났을 때 맷이 내게 웃으며 말했다.

"참 재밌죠? 심장발작 덕분에 결국 가슴이 원하는 길을 찾게 됐지 뭐예요."

때로는 몸이 먼저 안다. 그리고 몸이 방향을 가리킨다. 맷은 다행히 몸이 가리키는 곳이 어딘지, 그리고 그곳으로 가기 위해 무엇을 내려놓아야 하는지를 정확히 알았던 것이다.

◉ 내려놓고, 버리고, 떠나보내기

에밀리의 거실에서는 매주 목요일마다 작은 모임이 열린

다. 은은한 커피 향과 함께 묵혀 둔 고백이며 가슴 아픈 사연들이 거실을 가득 채운다. 오늘의 주제는 '내가 놓아 버린 것들'이다.

첫 번째 순서는 제니였다. 그녀는 팔찌처럼 손목에 빨간 고무줄을 차고 있었다.

"얼마 전에 남편이 직장에서 해고됐어요. 저는 너무 두려웠어요."

제니의 목소리에 자조 섞인 웃음이 묻어났다.

"그래서 남편에게 온갖 걱정거리와 잔소리들을 퍼부었어요. 한마디로 바가지를 긁어 댄 거죠."

두려움은 이성을 무디게 한다. 사랑하는 사람을 격려해야 할 순간에 오히려 잔소리와 상처 주는 말들을 쏟아 내는 것처럼.

이 사실을 깨달은 그녀는 자신의 나쁜 습관을 바로잡기 위해 손목에 작은 고무줄을 차기로 했다. 그리고 잔소리가 목구멍까지 올라올 때마다 '팅!' 하고 고무줄을 튕겼다. 그녀의 바가지 긁는 습관은 피부가 빨갛게 부어오른 뒤에야 서서히 사라지기 시작했다고 한다.

"몇 주 뒤에는 고무줄이 필요 없어졌어요. 그리고 남편도 다시 웃기 시작했죠. 하지만 이 고무줄을 빼고 싶진 않아요.

버리고 싶은 습관이 아직 많이 남았거든요. 요즘은 해야 할 일을 미루고 싶을 때마다 고무줄을 튕겨요."

두 번째 참가자인 린다의 사연은 폭풍 같았다. 그녀는 한순간에 모든 것이 사라졌다. 먼저 일자리를 잃었고, 사랑하는 반려견이 갑자기 세상을 떠났으며, 그때까지 살고 있던 집을 한 달 안에 비워 달라는 집주인의 통보까지 받은 것이다.

"아무것도 내가 통제할 수 없는 상황이 돼 버렸어요."

린다는 평소에도 모든 걸 통제하려는 성향이 강했다. 꼭 놓아 버려야 할 것들마저도 쉽사리 놓지 못해 스트레스를 받는다고 했다.

"저는요, 계획 없이는 화장실도 못 가는 사람이었어요."

그녀가 쓴웃음을 지었다.

"모든 걸 하나하나 예측하고 준비하고 통제해야 직성이 풀리거든요."

모든 것을 통제하려는 사람에게 삶은 오히려 통제 불가능한 상황을 몰고 온다. 왜 그럴까? 왜 삶은 이렇게 짓궂을까? 아니다. 사실은 삶이 짓궂어서가 아니라 '내가 삶을 통제하고 있다'라는 것이 착각임을 일깨워 주기 위해서다.

한순간에 모든 것을 잃은 뒤 린다는 비로소 마지막 저항을 포기하고 명상 쿠션에 앉았다. 그리고 매일 20분씩, 아무것도 하지 않는 연습을 했다. 그저 숨을 들이쉬고 내쉬면서, 모든 긴장을 내려놓고 훌훌 떠나보냈다. 시간이 흐르면서 그녀는 차츰 평정심을 찾기 시작했다. 마음을 비우기 전에는 느껴 보지 못한 새로운 바람이 불어왔다. 그때의 느낌을 그녀는 '세상이 나를 받아 주는 포근함'이라고 표현했다.

그로부터 몇 개월 뒤 린다는 옛 직장 동료를 통해 새로운 직장을 얻게 되었다. 이어서 그녀에게 거짓말처럼 마음에 쏙 드는 아파트까지 생겼다. 상상도 못 했던 기적이 일어난 것이다. 그녀는 이 모든 게 다 놓아 버리고 난 뒤에 생긴 일이라고 했다.

세 번째로 말문을 연 사람은 다이앤이었다. 그녀는 결혼하고 단 3주 만에 그것이 일생일대의 커다란 실수였음을 깨달았다. 잘못돼도 한참 잘못된 결혼이었다. 하지만 그녀가 올라탄 열차는 이미 멈출 수 없는 고속 레일 위를 달리고 있었다. 열차의 목적지가 크게 어긋난 줄 알면서도 내리지 못하는 승객처럼 그녀는 꾸역꾸역 결혼생활을 유지해야 했다. 하지만 부부관계는 계속 삐걱거리기만 했다.

다이앤은 최대한 빨리 이 생활에서 벗어나야 한다고 생각했다. 그러나 용기를 내서 상담사에게 상담을 받기까지만 무려 5년의 시간이 걸렸다. 그리고 거기서 또 4년이라는 상담 기간이 흘렀다. 그 기간 동안 상담사는 그녀에게 무의미한 결혼생활을 하루빨리 정리해야 한다고 거듭 조언했다. 하지만 그때마다 주변 사람들이 다이앤에게 이혼만은 안 된다고, 어떡하든 결혼생활을 유지하다 보면 모든 갈등이 사라지고 관계가 회복될 날이 올 거라고 훈수를 두었다. 다이앤은 그들의 말에도 일리가 있다고 생각해서 꾹꾹 참고 부부관계를 유지했다.

다이앤이 말했다.

"사실 저는 결혼생활을 끝내기가 두려웠던 거예요. 너무 두려워서 놓아 버리지 못한 거죠. 그렇게 저는 점점 지쳐 갔고, 신경쇠약에 시달리기까지 했어요."

그러다 결국 결혼한 지 10년이 되던 해에 그녀는 모든 것을 놓아 버리기로 했다. 눈을 질끈 감고 미련 없이 결혼생활을 정리한 것이다.

그로부터 6년이 흐른 지금, 다이앤은 마치 남의 일인 양 자신의 과거를 편한 마음으로 관조할 수 있게 되었다고 한다.

위로의 말을 해 줘야 할 순간에 오히려 불만을 쏟아 내는 습관, 모든 것을 자기 뜻대로 통제하려는 고집, 이미 끝나 버린 결혼생활을 억지로 이어 갈 수밖에 없었던 두려움까지, 이 모든 게 우리 주변에서 흔히 볼 수 있는 집착의 양상들이다.

사람들은 저마다의 이유로 몇 년, 혹은 몇십 년 넘도록 놓아 버리고 끊어 내야 할 짐들을 안고 살아간다. 그것이 우리의 발목을 붙잡는 족쇄이고, 보이지 않는 꼬리에 매달린 깡통이다. 너무 익숙해진 탓에 차마 끊어 내지 못하는 것이다. 하지만 언젠가는 결국 놓아 버리고 끊어 내야 할 순간이 온다. 스스로 큰 깨달음 얻었을 때, 혹은 큰 시련으로 인해 더 이상 예전처럼 살 수 없게 되었을 때가 바로 그 순간이다.

우정이라는 이름의 집착을 떠나보내다

로라와 사라, 두 사람은 둘도 없는 20년 지기였다. 둘의 인연은 대학 시절 도서관에서 같은 책을 찾다 마주치면서 시작되었다. 로라와 사라는 학창 시절 내내 꼭 붙어 다녔고, 졸업식 때는 서로의 어깨에 기대어 함께 울었다.

시간이 흘러 로라는 결혼해서 두 아이의 엄마가 되고, 몇 년 뒤에 이혼의 아픔을 겪었다. 한편 커리어우먼으로 승승장구하던 사라는 베트남 소녀를 입양해서 키우고 있었다. 두 친구의 인생 곡선은 저마다의 궤적을 긋고 있었지만, 우정만큼은 변함이 없었다. 로라의 이혼 소송이 진행되는 동안에도 사라는 매일 밤 전화를 걸어 "괜찮아, 다 지나갈 거야"라며 위로의 말을 전했다. 사라는 로라를 지극정성으로 챙겼고, 그 덕분에 로라는 이혼의 상처를 딛고 조금씩 삶의 의욕을 되찾을 수 있었다. 로라는 다시 예전처럼 활기차게 살아가기 시작했다.

그런데 언제부터인가 두 사람 사이의 기류가 조금씩 변하기 시작했다. 사라의 태도가 왠지 예전 같지 않았다. 로라가 전화를 걸어도 "지금 바빠서 미안, 다음에…" 하며 뚝 끊어 버리곤 했다. 어쩌다 연결이 되어도 두 사람의 통화는 점점 짧아졌고, 만남의 횟수도 눈에 띄게 줄어들었다.

로라는 혼란스러웠다. '사라가 왜 그럴까? 내가 무슨 잘못이라도 한 걸까?' 하고 곰곰이 생각해 보니, 로라 자신이 이혼의 아픔을 훌훌 털어 내고 새 삶을 시작한 뒤부터 사라가 변하기 시작한 것 같았다.

로라가 나를 찾아온 것은 바로 그즈음이었다. 상담실에서 처음 만났을 때 그녀는 내게 이렇게 말했다.

"생각해 보면 사라는 그동안 내가 불행할 때만 친구가 되어 준 것 같아요."

내가 되물었다.

"왜 그렇게 생각하죠?"

그러자 로라는 자신의 어린 시절 이야기를 꺼냈다. 알고 보니 로라에겐 어릴 때 어머니에게서 버림받은 기억이 또렷이 남아 있었다. 그런 까닭에 사라와의 관계가 예전만 못해지자 또다시 버림받을지도 모른다는 두려움이 몰려온 것이다. 결국 로라의 문제는 사라와의 관계 회복이 아니었다. 자기 내면에 들어 있는 '버림받은 자아'를 떠나보내지 않는 한 그녀의 상처는 언제 누굴 만나건 쉽게 재발할 수 있었다.

나는 그녀에게 무엇을 놓아주어야 하는지, 그리고 왜 떠나보내야 하는지를 생각해 보라고 말했다. 로라는 내 말을 충분히 알아들었고, 자신이 무엇을 해야 할지도 분명히 안다고 했다. 하지만 아는 것과 실천은 별개의 일이었다.

이후로도 로라와 사라의 냉랭한 관계는 몇 개월간 계속 이어졌다. 그녀는 사라와의 우정을 되찾기 위해 무진 애를 썼지만 소용없었다. 그녀가 어떡하든 붙잡으려고 다가가면 다가갈수록 사라는 점점 더 멀어져 갔다. 마침내 로라는 사라와의 관계를 정리하기로 마음먹었다.

마지막으로 그녀는 자신의 심정을 담아 손 편지를 쓰기 시작했다. 행복했던 기억과 상처 받은 순간을 모두 적어 내려갔다. 사랑, 원망, 분노, 그리움이 뒤섞인 편지였다. 한 장, 두 장, 페이지가 점점 늘어 가고, 어느덧 열 장을 넘길 즈음 갑자기 로라의 펜이 뚝 멈췄다.

'가만, 내가 지금 뭘 하고 있는 거지?'

로라는 자신이 사라와의 우정을 정리하는 게 아니라 오히려 더더욱 꽉 붙잡고 있다는 사실을 알아챘다. 그녀는 둘 사이에 아무런 문제도 없었던 옛 시절로 돌아가고 싶어 했고, 사라와의 우정 역시 자신이 원하는 모습으로 다시 복원하고 싶어 했다. 그제야 로라는 자신이 사라를, 그리고 둘 사이의 관계를 얼마나 숨 막히도록 붙잡고 있었는지 깨달았다. 그때 로라의 눈에서 눈물이 흘러내리기 시작했다. 눈물은 날이 밝아올 때까지 그치지 않았다.

창밖으로 동이 틀 무렵, 로라는 눈물로 얼룩진 얼굴을 씻고 다시 책상 앞에 앉아 편지를 썼다. "고마웠다, 넌 최고의 친구였어. 앞으로도 행복하게 살길 바란다"라는 한 장짜리 짤막한 편지였다. 편지를 보내고 돌아오면서 로라는 잠시 벤치에 앉아 아침 햇살에 얼굴을 내맡겼다. 참으로 오랜만에 누려 보는 평온한 아침 시간이었다.

내가 로라를 만난 것은 그로부터 2년 정도 지난 뒤였다. 그녀는 아이 학교에서 만난 학부모 두 명과 친구가 되었다고 했다. 마음도 잘 맞는 데다가 서로서로 격려하고 언제든지 용기를 북돋워 주는 사이라고 했다. 마음속 집착으로 인해 무게 중심이 크게 기울었던 사라와의 관계가 사라진 자리에 이제 새롭고 건강한 우정이 싹트기 시작한 것이다.

◉◉ 모든 것을 떠나보내고 나면 무엇이 남을까?

이따금 나는 '죽음'을 주제로 워크숍을 열곤 한다. 말 그대로 삶의 마지막을 느끼고 받아들이는 일종의 상상 체험이다. 프로그램이 시작되면 나는 참가자들과 함께 지금, 이 순간 곁에 있는 모든 것들에 감사하는 시간을 가진 뒤, 여러 형태의 이별을 마음속으로 그려 보라고 제안한다. 이를 테면 건강한 몸, 따뜻한 가정, 의미 있는 관계들, 그리고 지금, 이 순간 숨을 쉬고 있다는 단순하지만 기적 같은 사실들을 차근차근 되새기게 한다. 그런 다음 본격적인 떠나보내기의 여정이 시작된다.

첫 번째는 신체적 능력의 상실을 상상해 보는 것이다. 걷고, 보고, 듣는 능력을 하나씩 잃어 가는 모습을 마음속으로 그려 보면서 처음에는 저항하던 참가자들도 점차 그 과정에 몰입하게 된다. 이어서 익숙한 환경으로부터의 이별을 떠올려 본다. 오랫동안 살아온 집, 매일 지나던 길, 단골 카페의 따뜻한 분위기까지도 모두 뒤로한 채 떠나야 하는 순간을 상상한다.

가장 힘든 순간은 사랑하는 이들과의 이별을 상상할 때다. 함께 지내던 친구들, 무조건적인 사랑을 주고받은 반려동물, 그리고 소중한 가족과 영원히 헤어져야 하는 상황을 떠올릴 때마다 여기저기서 울음소리가 들린다. 이때 각자의 마음 깊은 곳에 숨어 있던 애착과 두려움도 함께 올라온다.

마지막 단계는 자신의 육체와 생명 자체를 자연으로 돌려보내는 것이다. 숨이 점점 얕아지고, 의식이 흐려지다가 결국 모든 것이 고요해지는 순간까지를 천천히 경험해 보도록 한다. 이 과정에서 참가자들은 자신이 평생 당연하게 여겨왔던 것들이 얼마나 소중하고, 또 한편으론 덧없는 것인지를 선명하게 깨닫게 된다.

그런데 놀랍게도 이 모든 상실의 과정을 거치고 나면 참가자들에게 특별한 감정이 생겨난다. 떠나보낼 때는 아픔과 괴로움에 몸부림치던 사람들이 막상 모든 것을 떠나보내고 나자, 절망과 공허함 대신 전에 없던 평온과 자유의 감정을 느끼는 것이다. 마치 오랫동안 짊어지고 다녔던 무거운 짐을 내려놓은 것처럼.

물론 그들도 이것이 단순한 상상 체험이라는 것을 알고

있다. 워크숍이 끝나면 사랑하는 가족이 기다리는 집으로 돌아갈 것이고, 내일이면 다시 분주한 일상으로 뛰어들 것이라는 사실을 잘 안다. 하지만 그들이 느끼는 평화로움은 단순한 안도감과는 차원이 다르다. 그것은 훨씬 더 근본적이고 깊은 곳에서 우러나오는 해방감이다.

이 특별한 순간에 그들은 일상에서 자신을 둘러싸고 있던 모든 것들로부터 완전히 자유로워진다. 성공에 대한 욕망, 실패에 대한 두려움, 타인의 시선에 대한 걱정, 미래에 대한 불안 등 평소 마음을 무겁게 하던 모든 것이 마치 아무것도 아닌 양 사라져 버린다. 그리고 그 텅 빈 상태에서 마침내 자기 안에 있는 무언가와 만나게 된다.

그게 무엇일까? 쉽게 한 단어로 표현할 수 없는 무언가다. 나이나 외모의 변화에 흔들리지 않는 무언가, 성공과 실패를 초월한 무언가, 심지어 죽음조차도 건드릴 수 없는 영원한 무언가다. 참가자들은 이를 각기 다른 말로 표현한다. 참나, 영혼, 우주와의 연결감, 신성한 침묵…. 그게 무엇이건 모든 것을 내려놓아야만 비로소 나타나는 '불변의 본질'과의 만남이란 것은 분명하다.

이런 경험을 하고 나면 사람들은 각자의 삶에서 미묘하면서도 의미 있는 변화를 감지한다. 그들은 여전히 일상의 기쁨과 슬픔을 경험하지만, 예전과는 다른 관점으로 그것들을 바라본다. 성취에 대한 과도한 집착이 줄어들고, 반대로 실패에 대한 두려움도 옅어진다. 무엇보다 현재 순간에 대한 감사와 경외감이 깊어진다.

죽음을 받아들이는 연습은 결국 삶을 더 충만하게 살아가는 방법을 배우는 과정이다. 모든 것이 덧없음을 인정할 때 역설적으로 우리는 그 모든 것의 소중함을 더욱 깊이 느낄 수 있다. 그리고 언젠가는 정말로 모든 것을 놓아야 할 순간이 올 때, 우리는 당황하거나 절망하지 않고 그 과정을 자연스럽게 받아들일 수 있을 것이다.

삶의 해답이 찾아오는 순간

놓아준다는 것은 곧 받아들이는 것이다. 이것은 분명 우리에게 익숙한 공식이 아니다. 우리는 언제나 싸워서 얻어 내고 지켜 내라고 배워 오지 않았던가? 하지만 이제 놓아주고 내려놓고 떠나보내야만 새로운 삶이 열린다는 공식을 배워야 한다. 그 공식을 기꺼이 배우고 싶다면 다음 질문을 차분히 생각해 보라.

• 지금 당신의 발목을 붙잡고 있는 족쇄는 무엇인가?

• 당신은 지금 무엇을 놓지 못하고 있는가?

• 힘겨운 시간에서 벗어나려는 당신의 자유를 가로막고 있는 것은 무엇인가? 이미 차갑게 식은 우정인가? 비생산적인 업무 관계인가? 삐걱거리는 결혼생활인가? 절망감인가? 열등감인가?

• 삶의 한 영역을 골라 지금부터 실천할 행동이나 목표를 적어 보자. 용기 내어 버릴 것들, 놓아줄 것들, 삶에 여

백을 만들어 새로운 기회를 가져다줄 부분이 무엇일지 적어 보자.

- 모두 버리고 떠나보낸 뒤에 무엇이 찾아오면 좋겠는가? 새로운 직장인가? 숨 쉴 공간인가? 감정적 균형인가? 새로운 연인인가?

- 만일 지금, 이 세상을 떠난다면 '진작 버리고 놓아줄걸' 하고 후회할 만한 것이 무엇인가?

- 모든 것과의 이별을 상상해 보라. 그런 다음 눈을 뜨고 스스로에게 물어보라. 지금은 그것을 놓아줄 용기가 생겼는가? 그러기 위해서 당장 실천할 한 가지는 무엇인가?

우리가 붙잡고 있는 것이
고통의 원인이라면,
그것을 놓아주는 것이야말로
구원의 길이다.

_아르투어 쇼펜하우어

5

자신의 고유 강점을
기억하라

> "역경을 만나기 전까지는
> 자신의 진정한 능력을 알 수 없다."
> _ 체사레 파베세

"모든 게 엉망이 돼 버렸어요. 이젠 다 틀렸어요. 이 상황을 어떻게 헤쳐 나가야 할지, 아니 헤쳐 나갈 수나 있을지 모르겠어요."

마이클의 입에서 절망의 탄식이 쏟아진다.

사십 대 후반의 회사 임원인 그는 최근 3개월 사이에 직장과 가정, 인간관계 등 거의 모든 면에서 자신의 삶이 급속도로 무너져 내렸다고 한다.

"무리해서 대출받은 것부터 잘못이었어요. 상황을 너무 낙관적으로 여겼던 거죠. 일이 내 뜻대로 착착 진행될 거라고 믿은 게 잘못이에요."

마이클이 주먹으로 제 가슴을 쿵쿵 치며 말했다.

나는 마이클을 위로했다.

"마이클, 당신 잘못이 아니에요."

누구든 마이클처럼 혼란과 괴로움의 한가운데 있을 때는 모든 실패의 원인을 자기 잘못으로 몰아가기 십상이다. 하지만 그의 잘못이 아니다. 단지 현재의 끔찍한 상황에 압도되어 그런 기분이 들 뿐이다. 게다가 지금은 잘잘못을 따져 봤자 별 도움이 되지도 않는다. 그런데도 마이클은 여전히 자책의 늪에서 허우적거리고 있다.

그가 말했다.

"제 잘못이 아니라구요? 죄송하지만, 전혀 위로가 안 되네요."

"위로하려는 게 아니라 사실을 말하는 거예요."

"아닙니다. 아니에요."

마이클은 고개를 절레절레 흔들며 다시 자신의 행동을 저주하며 푸념을 늘어놓기 시작했다.

나는 등받이에 몸을 기대고 앉아 그가 하는 말을 가만히 들어 보기로 했다. 지금은 내가 무슨 얘기를 해도 들리지 않을 테니까.

●● 누구에게나 자기만의 고유 강점이 있다

 마이클은 현재의 암울한 상황에서 빠져나가거나 그것을 극복하기 위한 지혜와 용기 같은 것이 자신에게 전혀 없다고 했다. 무엇보다 애초에 이런 일이 일어나지 않도록 어떻게든 막았어야 했는데 그러지 못했다는 자책감이 너무 컸다. 지독한 혼란 속에서 절망적인 무력감에 사로잡힌 나머지 자신의 힘으로는 어떻게 해 볼 수가 없고, 당장 의지할 만한 게 아무것도 없다는 기분이 든다고도 했다.

 "자다가 눈을 뜨면 새벽 3시, 4시일 때가 많아요. 그때마다 몸서리칠 만큼 괴로워요. 어떻게 살아야 하나? 어떻게 하면 이 괴로움에서 벗어날 수 있을까? 내 모든 재능과 능력이 송두리째 사라진 것만 같아서 견딜 수가 없어요."

 그렇게 한동안 이어지던 그의 넋두리가 차츰차츰 잦아들 즈음, 내가 끼어들었다.

 "마이클, 그건 본인 착각일 뿐이에요."

 그렇다. 착각이다. 그의 내면엔 현재의 시련을 이겨 낼 힘이 고스란히 담겨 있다. 어디 마이클뿐이랴. 우리 모두에게는 각자의 문제를 해결해 나갈 힘이 늘 존재한다. 다만 자신이 발 딛고 서 있던 세상이 송두리째 흔들릴 때는 그런 힘이

자기 내면에 있다는 사실을 기억해 내기가 무척 어렵다.

"사람들 내면엔 각자의 고유한 힘이 있어요. 태어날 때부터 부여된 힘이죠. 우린 기억해 내야 해요. 죽을 만큼 힘든 시련조차도 버텨 낼 수 있는 고유한 능력과 자질이 내 안에 존재한다는 사실을 말이에요."

"정말 그랬으면 좋겠네요. 하지만 솔직히 전혀 믿기지 않아요. 나만의 고유한 능력 같은 게 조금도 느껴지지 않아요."

"지금 당장은 그렇겠죠. 하지만 지금 아무리 힘겨운 상황에 처했다 해도, 당신이 하루아침에 어제와 다른 누군가가 돼 버린 건 아니잖아요? 당신은 여전히 세상에 단 하나뿐이고, 그 누구도 아닌 당신만의 고유한 능력을 지닌 존재예요. 당신 내면에는 당신만을 위해 마련된 능력이 숨어 있어요. 태어날 때부터 존재했고 앞으로도 영원히 사라지지 않을 당신만의 능력 말이에요. 내 말 듣고 있어요?"

마이클이 고개를 끄덕였다. 이제 그는 입을 다물고 귀를 열기 시작하는 것 같았다.

"우리들 내면에 존재하는 고유한 힘이란, 이를 테면 자아의 본질과 연결된 끈 같은 거예요. 우리를 여기까지 이끌어 왔고, 앞으로도 변함없이 우리를 지탱해 줄 힘이죠. 그 힘은 당신이 맞닥뜨린 시련의 순간을 위해 오래전부터 준비된 거예요. 이 혹독한 시기를 이겨 낼 수 있도록 말이에요."

"과연 이겨 낼 수 있을까 싶네요. 조금만 더 젊었어도 가능했겠죠. 하지만 이젠 너무 늦었어요. 내일모레면 벌써 오십이에요. 내 안에 그런 힘이 남아 있을 것 같지 않아요."

마이클이 또다시 한숨을 내쉰다. 나는 고개를 저으며 미소를 지어 보였다.

"그렇지 않아요, 마이클."

실의에 빠진 사람들을 만날 때마다 나는 깜짝깜짝 놀라곤 한다. 모두가 현재 좌절한 자신의 모습만이 본인의 전부라고 여기기 때문이다. 그들은 하나같이 어렸을 때의 자신과 현재의 자신이 이름만 같을 뿐 전혀 다른 자아라고 생각하는 것 같다. 그래서 한때 열정을 품고 미래를 향해 내달리던 힘과 재능, 창의력이 현재의 자신에겐 하나도 남아 있지 않다고 여긴다. 과연 그럴까? 아니, 전혀 그렇지 않다.

우리의 등뼈가 길고 아름다운 곡선을 그리며 온몸을 지탱해 주듯 우리의 내면에도 각자의 특별한 힘과 재능이라는 줄기가 있어 삶을 하나로 꿰고 있다. 따라서 일곱 살 때의 당신, 열네 살 때의 당신, 스물한 살 때의 당신이 가졌던 모든 능력과 에너지는 지금도 여전히 당신 안에 그대로 존재한다. 살면서 수많은 변화를 겪을 수는 있어도 당신만의 고유

한 능력은 사라지지 않는다. 생명이 존재하는 한 우리 내면에 영원히 남아 있는 그 고유한 힘을 나는 '고유 강점'이라고 부른다.

나에게 나만의 고유 강점이 있듯이 당신에겐 당신만의 고유 강점이 있다. 살아가면서 각자의 고유 강점을 언제, 어떻게 발휘했느냐에 따라 삶의 궤적이 달라지면서 현재의 자신을 정의하게 되는 것이다. 그 고유 강점을 각자가 어떻게 끄집어내느냐에 따라 현재의 시련을 극복할 수도, 혹은 그 앞에 무너질 수도 있다.

● 자신만의 고유 강점은 무엇인가?

마이클은 자기 내면에 고유 강점이 존재한다는 사실을 여전히 믿지 못하겠다며 어깨를 축 늘어뜨린 채 떠났다. 그의 뒷모습을 보며 나는 마이클과는 정반대였던 내 친구 필립을 떠올렸다.

오랜만에 필립을 다시 만난 것은 한 달 전이었다. 그의 얼굴에는 여전히 특유의 미소가 걸려 있었다. 나는 속으로 '어떻게 웃을 수 있지?' 하고 의아해했다. 사실 그는 갖고 있던 주식과 부동산 가격이 대폭락하면서 최근 2,3년 동안 재정적으로 엄청나게 힘든 시기를 보내는 중이었다. 그런데도 그는 마치 남의 일인 듯 담담하게 말했다.

"뭐 어쩌겠어? 그래도 난 이렇게 살아 있잖아."

수십만 달러를 잃고 나서 기어이 해탈이라도 한 걸까?

나는 필립이 어떻게 살아왔는지 잘 알고 있었다. 그는 어릴 때 갑자기 아버지가 가족을 버리고 집을 나가 버리는 바람에 참담한 유년기를 보내야 했다. 남겨진 가족은 자동차에서 쪽잠을 자거나 후미진 공원에서 노숙자처럼 텐트를 치고 지내기도 했다. 그렇게 힘든 성장기를 보냈음에도 필립과 그의 동생은 눈물겨운 노력 끝에 결국 성공한 사업가가 되었고, 평생 고생만 해 온 어머니에게 근사한 집까지 장만해 드렸다. 필립에겐 이제 창창한 미래만 남은 줄 알았건만 최근에 또 한 차례의 시련이 닥친 것이다.

나는 그가 걱정이 되어 물었다.

"필립, 너 정말 괜찮은 거야?"

"방금 말했잖아. 난 살아남았다고. 나 몰라? 쉽게 쓰러지지 않는 놈이란 거, 잘 알잖아? 이번에도 잘 헤쳐 나갈 수 있어. 내기할래?"

허풍인지 자신감인지 분간할 수 없는 그의 넉살에 나는

소리 내어 웃고 말았다.

'그래, 필립은 이런 사람이었지.'

그제야 나는 누구도 흉내 낼 수 없는 필립만의 고유 강점을 기억해 냈다. 남다른 회복력과 긍정 마인드, 이것이 그의 고유 강점이었다. 내기를 하자고? 나는 그가 보란 듯이 재기한다에 걸기로 했다.

우리 모두에겐 평생 사라지지 않는 저마다의 고유 강점이 있다. 그것은 마치 유전자처럼 개인의 내면에 새겨져 각자의 개성과 능력, 타인들과의 차이를 만들어 낸다. 절망의 한복판에서도 좌절은커녕 껄껄 웃으며 당당하게 헤쳐 나가는 이른바 '절대 긍정력'은, 오직 필립만의 고유 강점이다. 누군가에겐 남들과 견줄 수 없는 놀라운 인내력이, 다른 누군가는 모두가 부러워할 만한 놀라운 통찰력이 장착되어 있다. 타고난 사교성, 레이저 같은 집중력, 감동적인 공감력 등등 우리에겐 정도의 차이는 있을 뿐, 자기만의 고유 강점이 숨어 있다.

당신에겐 어떤 고유 강점이 있는가? 무엇이든 상관없다. 자기 안에 그런 힘이 존재한다는 사실을 인식하고 의식적으로 집중할 수 있느냐가 중요할 뿐이다. 만일 당신이 현재 지독한 어려움을 겪고 있다면, 지금이야말로 당신 안에 있는 고유 강점을 소환해 낼 절호의 기회다. 제발 마이클처럼 "그런 힘이 내겐 없다"라는 말만은 절대 하지 않기를 바란다. 당신의 강점은 이미 당신 안에 있다. 그것은 태어나는 순간부터 당신의 세포 속에, 영혼 깊이 각인되어 있었다.

문제는 많은 이들이 마이클처럼 정작 시련이 닥쳤을 때 그 점을 잊어버린다는 데 있다. 결국 자신의 고유 강점을 얼마나 빨리 기억해 내고, 얼마나 크게 발휘하느냐에 따라 시련의 기간이 길거나 짧아지는 셈이다.

자, 그럼 다시, 여러분의 고유 강점은 무엇인가? 당신이 지닌 보석 같은 자원과 능력을 기억해 내길 바란다. 그것의 실체를 깨닫고 상기하는 순간, 놀랍게도 희망이 생겨날 것이다. 그리고 그 순간부터 당신은 더 이상 상황에 끌려다니는 작고 연약한 존재가 아니라, 운명의 뱃머리를 스스로 좌우할 수 있는 능동적인 주인공으로 거듭나게 될 것이다.

고난은 고유 강점이라는 보물함의 열쇠다

어느 날 스티브에게 연락이 왔다. 양말 공장에서 일하던 그는 최근에 갑자기 해고당하는 바람에 몹시 괴로워하고 있었다. 자신이 하루아침에 실직자가 되었다는 사실이 아직 믿기지 않는다고도 했다. 처음엔 실업급여를 신청하고 나름대로 재기해 보려 했지만, 며칠 지나지 않아 깊은 무기력증에 빠져 버리고 말았다.

"아침에 일어나면 뭘 해야 할지 모르겠어요. 갈 곳도 없고, 할 일도 없고, 그냥 하루 종일 침대에 누워만 있게 돼요."

그렇게 몇 주를 보내다가 스티브는 가까스로 정신을 차렸다. 그는 인터넷을 뒤져 하루에 다섯 군데씩 이력서를 보내기 시작했다. 하지만 100통에 가까운 이력서를 보냈는데도 연락은커녕 답장 한 통 오지 않았다. 스티브는 정말로 바닥까지 떨어졌다.

"뭔가 잘못된 게 아닐까요? 세상이 나한테서 완전히 등을 돌린 것 같아요."

그렇게 침울한 나날을 보내던 어느 아침, 스티브는 방 한 구석에 먼지를 뒤집어쓰고 있는 기타를 발견했다. 고등학교 시절 밤낮으로 끌어안고 살았던 기타였다. 그 시절엔 스티브도 기타 연주자를 꿈꾸었지만, 삶이 그런 꿈을 허락하지 않았다. 이른 나이에 결혼하고, 두 명의 자녀를 낳고, 교외에 있는 조그만 집에 살면서 생계를 꾸려 가기에도 급급한 삶이었다.

스티브는 무심히 손을 뻗어 기타를 잡았다. '팅!' 튕겨 보니 소리가 엉망이었다. 그는 기타를 조율하고 다시 첫 코드를 연주해 보았다. 그 순간, 뭔가 마음 깊은 곳에서 따뜻한 기운이 올라왔다. 그는 수년 만에 다시 기타를 연주하기 시작했다. 기타 선율과 함께 예전의 기억이 새록새록 깨어나는 것 같았다.

"정말 신기했어요. 기타를 치는 동안에는 절망감도 잊을 수 있었거든요. 마음이 한결 가벼워졌어요."

그날 이후 스티브는 매일 아침 두세 시간씩 기타를 쳤다. 오래전에 작곡해 두었던 노래들도 하나씩 기억에서 되살아났다. 기타를 치는 동안만큼은 희망과 설렘, 그리고 오랫동안 잊고 살았던 순수한 기쁨이 온몸을 휘감았다.

그러던 어느 날, 밖에서 아빠의 기타 연주를 듣던 딸이 문을 벌컥 열고 들어왔다.

"아빠, 내 친구 에밀리가 생일파티에 분위기 띄워 줄 음악이 필요하다는데, 혹시 아빠가 기타를 쳐 주면 어떨까?"

"아빠가? 괜히 분위기 망치면 어떡하지?"

"아니야. 아빠 실력이면 충분할 거야."

스티브는 처음엔 망설였지만 결국 딸의 부탁을 들어주기로 했다. 에밀리의 생일파티에서 스티브는 기타를 들고 노래를 부르기 시작했다. 여기저기 흩어져 떠들썩하게 놀던 십 대 아이들이 하나둘 모여들더니 연주에 귀 기울였다. 연주가 끝나자 갈채가 쏟아졌다. 스티브는 눈시울이 뜨거워질 만큼 감동했다.

"살면서 그런 경험은 처음이었죠. 정말 짜릿했어요. 살아 있는 느낌이었죠."

그 뒤로 스티브는 생일파티 전담 연주자라도 된 것처럼 여기저기 불려 다니기 시작했다. 딸의 친구들이 너도나도 스티브를 초청했기 때문이다.

그로부터 몇 개월 뒤, 스티브는 마을의 레스토랑과 회관, 학교의 축제 무대를 오르내리며 연주 활동을 펼쳤다. 보수는 많지 않았지만 그건 중요하지 않았다.

요즘 스티브는 파트타임으로 일하며 연주 활동을 이어 가고 있다. 아내와 딸아이도 각자 아르바이트를 해 가며 스티브를 돕고 있다. 삶의 수많은 굴곡을 거친 후에야 오래전부터 늘 원하던 일을 하면서 살게 된 셈이다. 따지고 보면 그가 자신의 고유 강점을 기억해 낸 것 역시 갑작스러운 시련 덕분이었다. 그의 고유 강점은 다름 아닌 '음악을 만들고 연주하는 것'이었다.

●● 우리가 길에서 벗어날 때조차
길은 우리를 버리지 않는다

나는 예전부터 시와 소설을 쓰고 싶었다. 가끔은 짬을 내어 몇 문장씩 끄적여 본 적도 있다. 하지만 밤에 쓴 글을 아침에 다시 읽어 볼 때마다 얼굴이 화끈거려 견딜 수가 없었다.

'나는 언제쯤 스스로 만족할 만한 글을 쓸 수 있을까?'

무엇보다 내게 필요한 것은 글쓰기에 대한 확신 같은 것이었다. 세상을 보는 나만의 시선과 생각으로 거침없이 글을 쭉쭉 써 내려가고 싶었다. 어떻게 하면 그렇게 쓸 수 있을까? 생각 끝에 나는 기어이 글쓰기와의 정면승부를 선택했다.

나는 살고 있던 집을 팔아 버렸다. 자동차도 팔고, 그때까지 해 오던 일도 잠시 중단했다. 일상을 전부 해체해 버린 것이다. 그때부터 나는 이곳저곳 장소를 바꿔 가며 미친 듯이 글을 쓰기 시작했다. 카페에서, 기차나 비행기 안에서, 때론 친구의 집에서, 심지어 길가의 벤치에서도 글을 썼다. 그런데도 내가 쓴 글은 왠지 알맹이가 빠진 느낌이었다. 뭔가 명확하게 정리하거나 붙잡을 수 없는 느낌에 좀처럼 만족스러운 결과물이 나오질 않았다.

'공간을 획기적으로 바꿔 볼까?'

나는 낯선 도시로 훌쩍 떠났다. 거긴 아는 사람도 하나 없고 날씨도 엉망인 데다 새로 구한 방도 그다지 마음에 들지 않았다.

어느 날 오후, 쓰레기를 버리러 뒷골목으로 나갔다. 담벼락에 설치된 대형 쓰레기통은 이미 쓰레기들로 차고 넘쳤다. 찌그러진 맥주 캔과 와인 병, 피자 박스, 신문, 잡지, 먹다 남은 치즈 마카로니, 커피 찌꺼기, 오렌지 껍질…. 지옥에서 올라온 듯한 악취가 내 코를 파고들었다. 그때 불현듯 이런 생각이 머리를 강타했다.

'내가 지금 여기까지 와서 뭘 하고 있는 거지?'

글을 쓰겠답시고 모든 일상을 중단한 채 이 낯선 도시의 쓰레기 더미 앞에 서 있는 나 자신이 너무도 한심하게 느껴졌다. 마치 땅이 푹 꺼지고 허공에 붕 뜬 기분이었다. 하지만 정말로 견디기 힘든 건 따로 있었다. 오로지 글을 쓰기 위해서 이 모든 상황을 만들었다는 사실, 그런데도 근사한 글 한 줄 써 내지 못하고 있다는 사실이었다.

나는 도망치듯 방으로 돌아와 소파에 쓰러져 울었다. 자아도취에 빠진 나머지 바보처럼 엉뚱한 길로 들어섰다는 불안감이 파도처럼 몰려왔다. 너무도 이기적인 여행이고 최악의 실수였으며 그동안 허송세월을 보냈다는 후회 때문에 견딜 수가 없었다. 결국 글쓰기가 내 길이 아니라는 사실을 깨닫기 위해서 그 많은 시간을 써 버린 걸까? 글쓰기를 포기해야 할 수많은 이유들이, 글쓰기는 나의 길이 될 수 없고 되어서도 안 된다는 온갖 이유들이 떠올랐다.

영문학 교수였던 아버지는 내가 쓴 글을 한 글자도 읽어 보지 못하고 세상을 떠났다. 어머니도 마찬가지다. 그 생각이 떠오르자 가슴이 너무 아팠다.

나는 소파에 쪼그리고 앉아 그동안 내가 쓴 수많은 시들을 곰곰이 떠올려 보았다. 출판사에서 거절당하고 되돌아온 원고들도 떠올랐다. 아직도 책장 구석에서 먼지만 쌓여 가는 그 원고들이 마치 헛된 꿈의 잔해처럼 느껴졌다. 나는 소파에서 벌떡 일어났다.

"그래, 포기하자! 깔끔하게 다 포기하고 놓아 버리자. 이제 그만하는 거야. 글쓰기는 내 길이 아니야."

나는 결심했다. 그렇게 마음먹자 마음이 한결 가벼워졌다. 나는 곧바로 짐을 꾸렸다. 당장 그곳을 떠나기로 한 것이다. 마침 다음 날 딸아이 집에 가기로 약속한 터였다.

다음 날 아침, 차에 짐을 몽땅 싣고 고속도로에 올랐다. 도로를 달리며 좋아하는 노래들을 몇 번이고 되풀이해 들었다. 마치 나 자신에게 주문을 걸기라도 하듯이. 마침 날씨도 더

없이 청명했다. 해방된 기분, 한껏 자유로워진 기분이었다.

'그래, 끝이야. 이제 글은 쓰지 않을 거야. 방을 내놓고 다시 캘리포니아로 돌아가야지. 그리고 인생을 다시 설계해야겠어.'

딸아이 집에 도착했을 땐 날이 꽤 어둑어둑해져 있었다. 딸은 잠시 외출 중이었다. 나는 2층 방에다 짐을 풀고 1층으로 내려가 찻물을 끓였다. 그때 가스레인지 위쪽 찬장에 붙여 놓은 기사 한 토막이 눈에 들어왔다. 최근 발표된 사회학 연구 결과에 관한 기사였다. 거기엔 이렇게 쓰여 있었다.

대부분의 사람들은 성인이 되었을 때, 그들이 여섯 살이나 일곱 살 때 좋아하던 무언가를 하고 있을 가능성이 대단히 높다.

맞아! 그 순간 나의 모든 감각이 시간을 거슬러 일곱 살 때로 돌아갔다.

나는 미시간주에 있는 집 앞뜰에 누워 있었다. 여름이었고, 하늘엔 구름이 떠가고 있었다. 나는 멍하니 하늘을 쳐다보며 구름이 들려주는 이야기에 귀 기울였다. 그렇게 30분쯤 지났을까? 나는 엄마한테 달려가 큰소리로 선언했다.

"엄마, 나는 나중에 커서 시인이 되고 싶어."

다음 날 엄마는 내게 노트 한 권을 사 주며 이렇게 말했다.

"여기다 쓰고 싶은 걸 마음껏 써 보렴."

나는 그 노트를 아직도 간직하고 있다. 그 시절, 침대에 엎드려 노트에 글을 써 내려가는 일곱 살의 내 모습이 떠오르자 갑자기 눈물이 뺨을 타고 주르륵 흘러내렸다.

내가 시를 써서 처음으로 상을 받은 것은 열세 살 무렵이었다. 대학과 대학원 시절에도 시 분야의 문학상을 여러 차례 받았고, 신문사 시 공모전에서 입상한 적도 있다. 불현듯 나는 깨달았다. 마음을 어지럽히는 온갖 회의와 갈등과 눈물에도 불구하고, 나는 언제나 글쓰기라는 길 위에 서 있었다는 사실을.

글을 잘 쓰고 못 쓰고는 중요하지 않았다. 글을 쓰는 행위 자체만으로도 충분했다. 기쁠 때나 힘들 때나 혼자만의 놀이처럼, 때로는 삶의 혼돈을 건너는 다리처럼 글쓰기는 언제나 내 곁에 있었다. 전부 포기해 버리고 싶을 만큼 엄청난 회의감이 밀려올 때조차도, 내가 외면할 때조차도, 글쓰기라는 나만의 고유 강점은 언제나 내 안에 온전히 존재하고 있었다. 지금까지 나를 끌고 온 것은 바로 그 고유 강점이었다.

눈물이 채 마르기도 전에 딸이 현관문을 열고 들어왔다. 딸아이는 눈이 동그래져 물었다.

"엄마, 무슨 일이야? 괜찮아?"

나는 딸을 끌어안으면서 대답했다.

"별일 아냐. 괜찮아. 괜찮고말고."

다음 날 이른 아침, 나는 노트와 연필을 챙겨 들고 뒤뜰로 나갔다. 그리고 간이 테이블에 앉아 차분한 마음으로 내 아버지와 어머니를 회상하며 글을 쓰기 시작했다. 망설이거나 머뭇거리지 않고 죽죽 써 내려갔다. 그날 오후, 나는 한 편의 에세이를 완성했다.

요즘도 나는 그때 쓴 글을 가까운 사람들에게 소리 내어 읽어 주곤 하는데, 그때마다 한둘씩은 꼭 눈시울을 붉히곤 한다. 글을 쓰는 사람이라면 누구나 환희에 젖는 순간이 아닐 수 없다.

서로 모르던 사람들의 내면을 한순간에 연결해 주는 힘, 글쓰기가 지닌 이 마법 같은 힘이 내 안에 늘 존재했다는 사실에 전율이 인다. 내면 깊은 곳에서 항성처럼 변함없이 나를 비춰 주는 나만의 고유 강점을 깨닫는 순간이었다.

●● 최악의 순간에도 함부로 마침표를 찍지 마라

눈앞에 거대한 벽이 서 있고, 뒤로 물러설 곳도 없는 막막한 순간을 경험한 적이 있는가? 당신과 나, 그리고 우리 모두 그런 경험을 해 봤거나, 아니면 지금 그런 시기를 지나고 있을지도 모른다. 캄캄한 터널 속에 홀로 갇힌 듯, 어디를 둘러봐도 출구는 보이지 않고 숨조차 제대로 쉬어지지 않는 그 순간, 나도 모르게 탄식이 흘러나온다.

'아, 이제 정말 끝이구나. 더 이상은 안 되겠어.'

절망 끝에 돌이킬 수 없는 선택으로 자기 삶의 마침표를 찍어 버린 사람들의 이야기가 이제 더는 남의 일처럼 여겨지지 않는다. 시간이 갈수록 마음이 점점 극단으로 치닫는 것 같다. 만일 당신이 지금 이런 시기를 지나고 있다면, 언젠가 내가 바닷가에서 만났던 어느 작은 친구의 이야기를 들려주고 싶다.

그날도 나는 온종일 글을 쓰다가 잠시 바람이라도 쐴까 싶어 근처 해변으로 나갔다. 해가 진 직후여서 구름이 온통 붉게 물들어 있었다. 공원에서 해변까지 쭉 걸으니 마음이 점점 차분해졌다. 그리고 다시 해변에서부터 남쪽 길로 또 하염없이 걷기 시작했다. 그때 내 시야에 갈매기 한 마리가 들어왔다. 왠지 움직임이 이상해서 자세히 보니 다리가 하나뿐인 갈매기였다.

"너도 저녁 바람을 쐬러 나왔구나."

내 시선이 느껴졌는지 녀석은 재빨리 몸을 돌리더니 하나뿐인 다리로 어디론가 가볍게 종종 뛰어갔다. 다리 하나만으로 아름답게 균형을 잡는 모습이 참 놀랍고도 짠했다. 뜨개바늘 굵기밖에 안 되는 가녀린 다리가 어떻게 럭비공만한 몸을 떠받친 채 저리도 우아하게 균형을 잡을 수 있을까? 보면 볼수록 가슴이 아려 왔다.

"다리는 어쩌다 잃었니?"

태어날 때부터 한쪽 다리밖에 없었을까? 아니면 상어에게 물렸거나 다른 갈매기와 싸우다 다친 걸까? 점점 궁금해졌다. 하지만 정말로 내가 궁금했던 건 따로 있었다.

'저 갈매기가 끝내 삶을 포기하지 않도록 하는 힘은 무엇일까?'

나는 문득 그 외다리 갈매기의 고유 강점이 무엇인지 궁금해졌다. 저 갈매기에겐 도대체 어떤 고유 강점이 있기에 불편한 몸으로 저녁 산책을 나올 수 있었을까? 혹시 그 고유 강점이 노을 지는 저녁 바닷가를 걸어 보라고 녀석을 재촉한 건 아닐까? 타고난 균형 감각이 녀석의 고유 강점일까?

아니면 해 질 녘 아름다운 노을을 사랑하는 마음일까? 무엇이든 도전해 보고 싶은 용기일까?

물론 나는 모른다. 영원히 모를 것이다. 내가 확실히 알 수 있는 건 그날 저녁, 우연히 만난 외다리 갈매기가 나에게 특별한 가르침을 주었다는 사실이다. 인간뿐만 아니라 살아 있는 모든 존재의 내면에는 자신만의 독특한 능력이 숨어 있다는 사실, 삶에 대한 저마다의 태도와 행동을 이끌고 지탱해 주는 고귀한 자아의 힘을 믿어야 한다는 사실을.

삶의 해답이 찾아오는 순간

우리 안에 언제나 고유 강점이 있어 왔고, 앞으로도 영원히 사라지지 않을 텐데, 정작 우리는 그것의 존재를 인식하지 못한 채 살아가고 있다. 지금, 잠시 시간을 내어 자신의 고유 강점에 대해 스스로 질문을 던져 보자.

- 당신의 고유 강점은 무엇인가? 만일 답이 곧바로 떠오르지 않는다면, 예닐곱 살 무렵에 무엇을 좋아했는지 생각해 보라.

- 당신의 재능이나 소질이 삶을 어떻게 이끌어 왔는가?

- 고유 강점을 인식하고 다듬어 전보다 더 소중히 여긴다면, 지금 처한 시련을 헤쳐 나가기 위해 그것을 어떻게 활용하겠는가?

- 당신의 고유 강점을 찾아서 더욱 발전시킨다면 앞으로 1년 후, 5년 후의 모습이 어떻게 달라져 있을지 상상해 보라.

6

그래도 계속 가라

> "지금 그대가 지옥을 지나고 있다면,
> 멈추지 말고 계속 나아가라."
> _ 윈스턴 처칠

윌리는 이혼한 뒤로 10년 가까이 여자를 사귀지 않았다. 그의 전처는 늘 몸이 좋지 않았고, 이혼 소송에서 평생 건강을 챙길 만큼의 위자료를 요구했다. 연봉의 절반이 넘는 금액이었다. 윌리는 재정적으로 상당한 타격을 입었을 뿐만 아니라 극심한 우울증에 빠진 나머지 재혼 따위는 절대로 하지 않겠다고 다짐했다.

하지만 시간이 흐를수록 혼자인 삶이 허전하게 느껴지고, 인생의 동반자가 없는 빈자리도 점점 크게 다가왔다. 예순네 살이 되던 해에 윌리는 마침내 다시 한번 여생을 함께 보낼 진정한 짝을 찾아보기로 결심했다. '너무 늦은 나이가 아닐까' 하는 생각도 있었지만, 세상 어딘가에 자신과 함께 행복한 노년을 보낼 짝이 한 명쯤은 있을 거라는 믿음을 가져 보기로 했다.

그는 일단 인터넷의 만남 주선 사이트에 올라온 신상정보들부터 죽 훑어보았다. 하지만 그런 단편적인 정보들만으로는 자신을 제대로 알리기 어려울 것 같아 지역 신문의 배우자 찾기 란에 개인 광고를 싣기로 했다. 그는 자신이 어떤 사람인지, 장점과 단점은 무엇이고, 사랑하는 사람에게 무엇을 해 줄 수 있으며, 어떤 배우자를 만나고 싶어 하는지 꼼꼼히 적었다. 그리고 연락해 오는 사람과는 반드시 커피 한 잔이라도 마시면서 진솔한 대화를 나눠 보겠다는 원칙도 세웠다.

그는 천천히, 느긋한 마음으로 기다렸다. 그리고 광고를 보고 연락해 온 여성들을 한 사람, 한 사람 만나기 시작했다. 식당 종업원부터 변호사, 교사, 안무가, 재즈댄스 강사까지, 직업도 성향도 천차만별이었다. 그중에는 할머니라고 부를 수밖에 없는 나이 든 여자도 있었고, 예전과는 다른 삶을 살기로 했다는 레즈비언도 있었다.

그렇게 다양한 여성들을 만나 봤지만 '이 사람이다!'라는 확신을 얻지는 못했다. 어떤 만남은 5분 만에 끝났고, 어떤 만남은 세 시간짜리 심층 면접이 되기도 했다. 사기꾼 같은 여자도 없진 않았지만, 대부분 좋은 사람들이었다. 하지만 뭔가 딱 맞는 느낌의 사람은 없었다.

그러던 어느 날 젠이라는 여성에게서 전화가 왔다. 그녀는 현재 조경 디자이너로 일하고 있다고 했다. 그리고 젠 역시 그동안 숱한 광고를 통해 남자들을 만나 본 끝에 거의 마지막이라는 심정으로 연락한 것이었다.

그녀를 만나 몇 시간 동안 이야기를 나누면서 윌리는 확신이 들었다. 긴 여정이 끝난 기분이랄까? 이제야 임자를 만난 것 같은 반가움과 안도감이 밀려왔다.

나를 만난 자리에서 윌리가 말했다.

"2년 반이 걸렸어요. 하지만 내겐 꼭 필요한 시간이었죠. 2년 반 전에 젠을 만났다면 아마 그녀의 진면모를 알아보지 못했을 거예요. 2년 반에 걸쳐 수많은 여성을 만나는 동안 저에게 어떤 혜안 같은 게 생긴 게 아닐까 싶네요."

나는 그의 말에 놀라 물었다.

"혜안이요?"

"여성들이 내게 뭘 원하는지, 말과 표정 뒤에 어떤 진심이 들어 있는지를 알게 된 것 같아요. 그리고 나 자신도 많이 바뀌었고요. 더 참을성이 생기고, 더 섬세해지고, 더 감사할 줄 알게 됐죠."

우리는 종종 운명이라는 핑계 뒤에 숨어 마땅히 해야 할 노력을 게을리하곤 한다. 좋은 사람 만나는 것도 운이라고, 좋은 일자리 구하는 것도 운이라고…. 하지만 윌리는 달랐다. 마냥 기다린 게 아니라 스스로 만들어 갔으니까.

지금 살아 있다는 건, 계속 나아가고 있다는 뜻이다

상대적으로 유리한 환경에서도 고만고만한 삶을 사는 사람이 있는가 하면, 불리한 상황에서도 끝내 뭔가를 이뤄 내는 사람이 있다. 가령 우리가 아는 할리우드 스타 중에는 2, 30년 넘도록 무명 시절을 보낸 이들이 적지 않다. 개중에는 LA의 뒷골목에서 노숙하던 사람도 있고, 웨이터와 잡역부를 전전하며 단역을 소화하던 사람도 있다. 그러다 결국 뜻밖의 기회를 얻어 스타의 반열에 오른 것이다. 어떤 사람은 수차례 사업 실패를 겪으면서도 포기하지 않다가 결국 억만장자가 되기도 하고, 난독증 때문에 책 한 권 읽기 힘들었던 사람이 훗날 베스트셀러 작가가 되는 경우도 있다.

그들은 어떻게 그럴 수 있었을까? 모두가 포기할 법한 상황에서도 묵묵히 버티며 계속해서 나아가는 그 힘을 나는 '지속성'이라 부르고 싶다. 지속성은 끈기와 인내를 포함하면서 동시에 강력한 믿음을 저변에 깔고 있다. 그래서 지속성을 지닌 사람은 시련을 만나도 좀처럼 흔들리지 않으며 도저히 웃기 힘든 상황에서도 낙관적인 미소를 지을 수 있다. 그런 사람들을 보면 마치 '나에겐 꿈이 있고, 그 꿈은 어차피 이루어진다'라는 확신이 온몸에 체화된 것만 같다.

지속성을 지닌 사람은 목적지가 안개에 가려도, 설령 앞이 보이지 않아도 끝까지 걸어간다. 저 불확실한 안개 너머에 분명히 해답이 존재한다는 믿음, 그리하여 마침내 그 지점에 도달하는 순간, 상상도 못 했던 새로운 기회와 가능성이 펼쳐질 거라는 믿음이 있기에 그들은 쉬지 않고 나아간다. 가파른 언덕과 험한 가시밭길이 나와도 바보처럼 계속 걸어간다.

실제로 그들은 주변 사람들로부터 바보 같다는 말을 자주 듣는다. 하지만 정말 바보는 아니다. 자신이 겪고 있는 시련의 무게를 모르는 것도 아니다. 포기하고 절망할 이유가 수십 가지가 넘지만, 그래도 그들은 계속 나아간다. 끝까지 가서 결판을 내기로 선택한 것이다.

지속성은 자아를 송두리째 흔드는 감정적 시련이 찾아오

거나 감당할 수 없는 역경이 몰아칠 때 오히려 더 빛을 발한다. 어느 날 갑상샘 기능 항진증에 걸렸다는 통보를 받았을 때, 사랑하는 사람이 갑자기 머나먼 외국으로 이민을 가 버리거나 교통사고로 심각한 부상을 당하거나, 혹은 그 모든 일이 한꺼번에 몰려올 때 우리에게 필요한 것이 바로 지속성이다.

때로는 몇 분, 몇 시간 동안 발휘된 지속성 덕분에 운명이 뒤바뀌기도 한다. 적진 한복판에서 부상당한 동료를 들쳐 업고 구급 헬리콥터가 있는 곳까지 묵묵히 걸어가는 병사를 떠올려 보라. 살 수 있다는 확실한 희망이 있어서 시도하는 게 아니라, 먼저 시도해야 희망이 생기기 때문에 그렇게 하는 것이다.

그런가 하면 때로는 긴 시간에 걸쳐 지속성이 발휘되는 경우도 있다. 법률사무소에서 일하던 평범한 싱글 맘 에린 브로코비치가 오랫동안 수많은 관련자를 찾아다니며 증거를 모아 진실을 밝혀내고, 마침내 에너지 기업 PG&E를 상대로 한 대규모 환경 소송을 승리로 이끈 사실을 생각해 보라. 지속성이란 이런 것이다. 이는 길이 보여야만 발을 내딛는 것이 아니라 발을 내디뎌야 길이 열린다는 믿음이고, 마침내 원하는 지점에 도달할 때까지 절대 멈추지 않는 신성한 발걸음이다.

1977년, 전 세계의 영화 팬과 복싱 팬들이 열광했던 영화 〈록키〉에서 무명 복서인 주인공 록키는 이런 대사를 어눌하게 내뱉는다.

"난 아무것도 아닌 인간이야. 하지만 상관없어. 시합에서 져도, 머리가 터지고 몸이 부서져도 상관없어. 그저 15회전까지 버티기만 하면 돼. 아무도 끝까지 가진 못했거든. 내가 만일 그때까지 버티면, 공이 울릴 때까지 두 발로 서 있을 수만 있다면, 처음으로 내 인생에서 뭔가를 이뤄 낸 순간이 될 거야."

오랜 기간 상담해 오며 나는 우리 주변의 수많은 '록키'들을 만나 왔다. 그들 대부분은 시련 속에서 오히려 지속성을 일깨워 삶의 반전을 이루어 냈다. 빚더미에 허덕이던 사람이 재정적 능력을 회복할 수 있었고, 상처받은 가슴을 치유하고 진정한 사랑을 찾을 수 있었으며, 큰 병을 이겨 내고 건강을 되찾을 수 있었다.

현재 당신이 어떤 시련을 만났건 그 시간이 결코 쉽진 않을 것이다. 하지만 분명한 건 지금 당신이 그 시간을 견뎌 내고 있다는 사실이다. 다음 라운드가 이번 라운드보다 더 힘들 수도 있겠지만, 당신은 부서지고 비틀거리면서도 계속 다음 라운드, 그다음 라운드를 향해 나아가고 있다.

'때로는 살아 있는 것조차 용기가 될 때가 있다'라는 세네카의 말처럼, 당신이 지금 쓰러지지 않고 있다는 것 자체만으로도 내면에 숭고한 지속성이 발휘되고 있다는 뜻이다. 아직은 공이 울리지 않았고, 시합은 계속되고 있다. 그리고 당신은 지금도 계속 나아가고 있다.

◉ 포기하지 않고 끝까지 가 보고 싶은 마음

나는 대학원 생활을 막 시작할 즈음 아버지를 잃었다. 그때까지 나는 누군가의 마지막을 지켜본 경험이 없었고, '영원한 이별'에 대해서도 진지하게 생각해 본 적이 없었다. 물론 모든 인간이 그렇듯이 아버지에게도 죽음이라는 경험은 당연히 처음이었고, 당신께서도 생의 종착점을 향해 가는 길이 그만큼 낯설고 서툴렀을 것이다.

아버지는 솔직한 사람이었다. 마음속 이야기를 허울 좋은 말로 꾸미거나 에둘러 말하는 법이 없었다. 시한부 선고를 받은 그날 저녁, 아버지는 조용한 목소리로 중얼거렸다.

"사람이란 게 그래. 늘 좋은 소식만 듣고 싶어 하는 법이지."

그때까지도 아버지는 내심 희망을 품고 있었지만, 결국은 시한부라는 충격적인 진단 결과를 받아들여야만 했다. 그때 아버지는 담당의에게 많은 질문을 던졌다. 남은 시간이 구체적으로 얼마나 되는지, 앞으로 겪게 될 과정들이 어떤 것인지 세세하게 알고 싶어 했다.

생을 마감하기 며칠 전, 담당의가 정기 검진을 위해 병실에 들어왔다. 아버지는 기운 없는 몸을 억지로 일으켜 세우며 의사에게 말했다.

"내 정신이 흐려지기 전에 의사 선생님께 꼭 드리고 싶은 말씀이 있습니다. 내 인생의 마지막 시간들을 함께해 주시고 보살펴 주신 것에 대해 깊이 감사드립니다."

갑작스러운 인사에 의사는 당황하는 눈치였다. 그는 앞으로 받게 될 검사의 종류와 절차에 대한 설명만 장황하게 늘어놓았다. 그러자 아버지는 차분하면서도 확고한 어조로 말을 끊었다.

"추가 검사는 필요 없을 것 같습니다. 이제 며칠 남지 않은 상황에서 더 알아봐야 할 것도 없지 않습니까? 그보다는 선생님께 고마운 마음을 전하고 마지막 인사를 나눌 수 있다면, 그것만으로도 충분합니다."

의사는 말없이 고개를 끄덕이더니 병실 밖으로 나갔다.

그리고 복도에서 한참 머뭇거리다가 다시 병실로 들어왔다. 나는 그의 눈에 눈물이 맺혀 있는 것을 보았다. 의사는 침상으로 다가와 아버지의 손을 꼭 잡았다. 그제야 아버지는 의사에게 전하고 싶었던 말을 마저 할 수 있었다. 그때 아버지는 의사에게 의료진이라는 직업을 선택해 준 것에 대한 고마움, 그리고 생명이 위험한 환자들을 돌보는 숭고한 일을 용기 있게 해 나가는 것에 대한 존경, 마지막으로 병의 진행 과정을 본인과 가족에게 숨김없이 알려 준 정직함에 대한 감사를 전했다. 의사는 더 이상 감정을 억누르지 않고 자연스럽게 눈물을 흘리며 대답했다.

"오히려 제가 감사합니다. 제 환자가 되어 주셔서 정말 감사합니다."

내가 그 의사를 다시 만난 건 아버지의 장례를 치르고 몇 주가 지나서였다. 그는 아버지에게서 깊은 감명을 받았다고 했다.

"아버님처럼 담담하고 의연하게 임종을 맞이하는 분은 생전 처음이었습니다."

그는 계속 말했다. 이어지는 그의 고백에 나는 깜짝 놀랐다.

"실은 의사라는 직업을 그만둘까 하고 심각하게 고민하고 있었죠."

그는 그동안 죽음이 임박한 환자들에게 잔혹한 현실을 알려 주는 것이 견딜 수 없이 고통스러웠다고 털어놓았다. 하지만 아버지 덕분에 환자와 공감하는 방법을, 그리고 진심으로 소통하는 방법을 깨달았다고 했다.

"죽음을 앞둔 상황에서도 그처럼 인간으로서의 존엄과 품격을 잃지 않을 수 있다는 사실을 아버님께서 몸소 보여 주신 거예요. 그때 제 안에서 뭔가 변하기 시작했죠."

"어떤 변화인가요?"

"포기하지 않고 끝까지 가 보고 싶다는 마음이 생긴 거죠."

요즘도 나는 아버지와 의사의 만남, 그리고 그 의미에 대해 가끔 생각해 보곤 한다. 한 사람은 생의 마지막 순간까지 자신의 본모습을 잃지 않았고, 또 한 사람은 거기에 감동받아 자신의 길을 끝까지 완주하겠다고 다짐한 것이다.

누군가가 보여 준 지속성은 이렇듯 다른 누군가에게 깊은 울림을 주기도 한다. 무언가를 꾸준히 이어 간다는 것, 어떤 상황이 닥쳐도 자신이 선택한 길을 계속해서 걸어간다는 것은 이런 것이다.

●● 절망에 빠진 그 순간에 지속성이 깨어난다

올리버는 운이 좋은 남자였다. 그는 부모에게서 물려받은 집이 있었고, 건강한 몸과 인간적인 매력뿐만 아니라 남다른 음악적 재능도 있었다. 그의 꿈은 뮤지션으로 살아가는 것이었다.

어느 날 올리버는 연주와 작곡, 그리고 녹음 작업까지 집에서 할 수 있도록 수만 달러에 달하는 녹음 장비를 구입하고 집을 리모델링하기로 했다. 평범한 집을 스튜디오로 개조하는 일은 생각보다 많은 비용이 필요했다. 액수가 애초의 예산을 훌쩍 넘어서자 올리버는 집을 담보로 대출까지 받았다. 그리고 그 비용을 감당하기 위해 방 하나를 세놓기로 했다.

공사가 막바지에 이르렀을 즈음, 올리버의 여자 친구가 특별한 제안을 해 왔다. 마침 그의 생일이 얼마 남지 않았으니 여행을 떠나자는 것이었다. 여행 일정 중에는 올리버가 꿈에도 그리던 엘비스 프레슬리의 생가를 둘러보는 것도 포함되어 있었다. 두 사람은 들뜬 마음으로 여행을 떠났다. 고속도로를 달리며 멋진 경치를 구경한 뒤 그들은 옛 친구의 집에 잠시 들르기로 했다.

친구 집에서 식사를 마친 뒤 여자 친구가 잠시 쉬러 들어간 후 올리버는 혼자 산책에 나섰다. 그런데 뒤뜰에 있는 수영장을 지나다가 그만 발을 헛딛고 말았다. 수영장은 바닥을 다시 칠하느라 물을 다 빼놓은 상태였다. 올리버는 그대로 수영장 바닥에 떨어지면서 다리가 부러지고 말았다. 응급차에 실려 병원으로 가는 길에 올리버의 입에서 탄식이 새어 나왔다.

"아차, 의료보험!"

자신이 의료보험에 가입돼 있지 않았다는 사실이 떠오른 것이다.

다리를 수술하고 입원해서 완쾌될 때까지 치료를 받으려면 상당한 지출이 불가피한 상황이었다. 뿐만 아니라 퇴원한 뒤에도 한동안 집과 병원을 오가며 물리치료를 받아야 했다. 그보다 더 심각한 일은 앞으로 최소 1년 동안은 공연을 할 수가 없다는 사실이었다.

'아, 이제 끝인가? 이대로 모든 게 끝나는 건가?'

올리버는 절망했다. 희망이 보이지 않았다. 모든 걸 포기할까 하는 생각도 들었다. 그는 온종일 병상에 누워 지내며 포기할까 말까를 고민했다. 하지만 모든 걸 잃어도 음악만큼은 포기할 수 없었다. 절망의 시기를 맞은 뒤에야 그는 자신이 얼마나 음악을 사랑하는지, 그 어느 때보다 절실하게 깨달았다.

　자, 그렇다면 이제 어떻게 해야 할까? 그는 결단을 내렸다. 우선 치료비를 충당하기 위해 집을 팔기로 했다. 자신이 태어나고 자란 집을 내놓기란 결코 쉬운 일이 아니었다. 집 안 곳곳에 부모님의 흔적과 어릴 때 갖고 놀던 장난감이며 낙서들이 고스란히 남아 있었다. 하지만 그는 계속 나아가야 했고, 그러기 위해서는 선택해야만 했다.

　올리버는 인부들을 불러 물건을 정리했다. 성치 않은 다리로 가까스로 물건을 팔고 치우며 정리하는 일을 감독했다.

　"이봐, 올리버! 굳이 집까지 팔아야겠어? 이 방법밖에 없냐고?"

　친구들이 찾아와 올리버를 설득했지만, 그는 결심을 번복할 생각이 없었다.

　"지금 아니면 기회는 없어. 하루빨리 다리부터 치료해야 해. 안 그러면 내 음악 인생도 여기서 끝이야."

　그는 자신에게 닥친 시련 속에 어떤 목적과 이유가 숨어 있는지 알고 있었다. 부모가 물려준 집에서 편하게 먹고사는 삶은 그에게 의미가 없었다. 집과 재산을 잃어도 음악을 할 수만 있다면, 그것으로 충분하다는 사실을 그는 시련 속에서 깨달은 것이다.

집은 사흘 만에 팔렸고, 올리버는 친구의 차를 빌려 방을 구하러 돌아다녔다. 그는 재활을 위해 일부러 2층 방을 구했다. 계단을 오르내리며 다리 근육을 키울 생각이었다. 모든 것이 계획대로 착착 진행되었다. 그는 정들었던 집을 떠나 새집으로 이사했고, 다음 날 아침부터 주방에 앉아 바이올린을 연주하고 키보드 건반을 누르기 시작했다. 새 주방이 그대로 새로운 작업실이 되었다.

1층에서 2층으로, 2층에서 1층으로 계단을 오르내리면서 그의 다리가 점점 튼튼해지는 만큼, 그가 작곡한 악보도 점차 쌓여 갔다. 주변의 평론가들은 그가 새로 만든 곡이 사고를 당하기 이전과는 분위기도, 주제도 사뭇 달라졌다고 말했다. 아픔을 겪고 또 그것을 이겨 내는 사이에 알게 모르게 그의 곡에도 전과 다른 깊이가 생긴 것이다.

현재 올리버의 다리는 완쾌되어 정상으로 돌아왔다. 그는 예전보다 더 많은 무대에서 공연을 펼치고 있다. 한번은 어떤 기자가 올리버에게 "언제부터 뮤지션의 꿈을 꾸었나요?"라고 질문을 던진 적이 있다. 그는 기자와 소녀 팬들을 번갈아 보며 이렇게 대답했다.

"다리를 다치고 집을 팔고 난 뒤부터요."

물론 그전에도 올리버는 뮤지션의 꿈을 품고 있었다. 하지만 인생에 어떤 일이 닥치더라도 평생 음악의 길을 걷겠다고 다짐한 것은 시련을 만나면서부터였다. 그는 '포기할 것인가, 말 것인가'라는 절체절명의 기로 앞에서 기어이 선택한 꿈이야말로 진정한 꿈이라고 말했다. 혹독한 시련 속에서 평생 흔들리지 않고 지속해 나갈 수 있는 진정한 꿈을 만난 셈이다.

삶의 해답이 찾아오는 순간

주저앉지 않고 계속 나아가고 싶다면 한 가지만 기억하길 바란다. 당신이 현재 직면한, 그리고 앞으로 마주칠 모든 문제는 다름 아닌 당신의 지속성을 발휘할 기회라는 사실을. 여기 당신의 지속성을 일깨우기 위한 몇 가지 질문이 있다. 조용히 내면을 응시하며 스스로에게 이 질문들을 던져 보자.

- 지금 당신의 끈기가 발휘되어야 할 곳은 어디인가? 삶의 다양한 영역 중에서 가장 낙담하고 있는 부분은 무엇인가? 건강인가? 취업인가? 아니면 마음의 상처인가?

- 당신을 괴롭히는 문제를 이겨 내기 위해 무엇을 꾸준히 실천해야 하는가? 매일 비타민 챙겨 먹기, 매일 한 통씩 다른 회사에 이력서 보내기, 정기적으로 명상하기, 무의식적인 습관이 바뀔 때까지 모든 부정적인 생각을 버리고 긍정적으로 사고하기 등등 나만의 방법은 무엇인가?

- 언제까지 꾸준히 노력할 수 있겠는가? 석 달간 술을 한 모금도 입에 대지 않기, 카드 빚이 완전히 정리될 때까지 신용카드 사용하지 않기, 휴일에는 SNS 하지 않기와 같은 실행 목표를 꾸준히 지켜 나갈 수 있는가?

- 포기하지 않고 계속 나아갈 때 당신이 얻게 될 결과는 무엇인가? 당신은 어떤 결과를 원하는가? 진심으로 함께할 누군가를 만나고 싶은가? 새로운 일자리를 얻고 싶은가? 술을 끊고 싶은가?

- 중도에 포기하지 않고 끝까지 가는 데 도움이 될 만한 방법은 무엇인가? 목표와 다짐을 수시로 상기시켜 줄 작은 표식이나 마스코트를 갖고 다녀 보겠는가? 아니면 오래된 습관을 대체할 수 있는 새로운 습관을 만들어 보겠는가? 이외에도 꿈과 계획을 꾸준히 지속해 나갈 수 있도록 도와줄 자신만의 맞춤형 도구들로는 무엇이 있는가?

7

받아들이고
끌어안아라

> "깨달음은 빛을 상상할 때가 아니라
> 자아의 어두운 면을 의식의 수면 위로
> 끌어올릴 때 일어난다."
> _ 칼 융

깊은 숲에서 길을 잃고 헤매다 갑자기 크고 사나운 늑대와 마주친다면? 죽기 살기로 도망치거나 목숨 걸고 싸우거나 둘 중 하나뿐이다. 처음 보는 늑대를 토닥토닥 달래서 반려동물로 삼으려는 건 미친 짓일 테니까. 그런데 만약에 사방이 꽉 막힌 이 죽음의 숲에서 빠져나갈 길을 알고 있는 유일한 존재가 바로 그 늑대라면 어떻게 해야 할까? 그땐 어쩔 수 없이 미치광이가 되어야 하지 않을까? 어르고 달래고, 무슨 수를 써서라도 늑대를 내 편으로 만들어 길잡이로 삼아야 할 것이다.

나는 뜻밖의 난관이나 시련을 만날 때마다 숲속의 늑대를 떠올리곤 한다. 지금 내가 맞닥뜨린 이 시련이 늑대인 것이다. 죽기 살기로 도망치거나 목숨 걸고 싸운다 한들 내가 현재의 삶에서 벗어날 길이 보이지 않는다면 어떡하든 그 시련을 나의 길잡이로 삼아야 하지 않을까? 그냥 죽었다 하고, 그 두려운 시련을 토닥토닥 달래어 끌어안는 것이다. 아니면 평생 도망만 다니게 될지도 모른다.

시련을 만났을 때 우리는 온갖 방법을 다 생각하지만, 사실 가장 먼저 해야 할 일은 '받아들임'이다. 지금 나에게 닥친 괴로운 상황이나 해결하기 힘든 문제들을 있는 그대로 인정하고, 그것을 내 삶의 구성 요소들 가운데 하나로 받아들이고 끌어안는 것이다.

지금 겪고 있는 시련은 오로지 나만을 위해 준비되었고, 이제 이 시련을 통해 나의 삶은 또 다른 모습으로 바뀌어 갈 것이다. 시련과 변화, 이것은 마치 삶을 굴러가게 하는 두 개의 바퀴와도 같다. 삶이 우리에게 주는 모든 시련 속에는 '포용하라'는 메시지가 들어 있다. 그것을 인정하고 끌어안는 순간부터 시련은 우리에게 변화의 길, 더 나은 삶의 길을 열어 준다.

물론 말은 쉽지만 실제로 해 보면 어려운 것이 사실이다. 온갖 싫은 것, 두렵고 괴롭고 미칠 것 같은 상황마저 받아들인다는 게 정말이지 보통 일은 아니다. 우리의 하루하루를 가만히 들여다보면, 기쁜 순간과 슬픈 순간, 그리고 행복과 불행이 뒤죽박죽 섞인 채 조화롭게 굴러간다. 여기서 자기 맘에 쏙 드는 요소들만 따로 선택해서 일상을 꾸밀 수 있는 존재는 세상에 없다.

큰 걱정 없이 일도 내 뜻대로 술술 잘 풀리는 시기가 있을 수는 있다. 그럴 때 우리는 무엇이든 계획하고 조종할 수 있으며, 원하지 않는 것은 얼마든지 피하고 좋은 것만 선택할 수 있다고 착각한다. 세상이 나를 위해 장밋빛으로 빛나는 것만 같다. 하지만 뜻밖의 시련이 찾아와 평온했던 일상을 뒤흔들기 시작하면, 우리는 충격적인 깨달음과 마주하게 된다. 마치 화려한 궁전을 떠나 세상의 고통을 경험하기 시작한 싯다르타 왕자처럼 말이다.

삶이 언제나 행복 넘치는 낙원만은 아니라는 것을, 수시로 아픔과 슬픔을 견뎌 내야 하는 험난한 여행이라는 것을 모르는 사람은 없다. 다만 선택의 문제다. 시련 속에서 눈앞의 현실을 애써 외면하며 모든 게 원래대로 돌아가기만을 바랄 것인가, 아니면 이 시련들 또한 내 삶에서 빼놓을 수 없는 하나의 조각으로 받아들여 더 큰 그림을 완성해 나갈 것인가?

싫고 두렵고 괴로운 것들을 끌어안는 데에는 어쩔 수 없이 크고 작은 희생이 따를 수밖에 없다. 예컨대 늑대의 이빨과 발톱에 긁혀 상처를 입을 수도 있다는 얘기다. 자기 삶으로 들어온 모든 것들을 포용하려면 극복하기 어려운 것을 극복해야 하고, 인정하기 힘든 현실을 인정해야 하며, 지금까지와는 전혀 다른 관점으로 상황을 바라볼 수 있어야 한다. 이것이 끌어안음, 즉 내적 통합이며 그 과정을 밟아야만 우리는 비로소 진정한 변화를 경험하게 된다.

●● 끌어안지 못할 아픔이란 없다

때로는 범죄영화에서나 볼 수 있는 끔찍한 일들이 일상에서 벌어지기도 한다. 샤론의 경우가 그랬다.

"저는요, 남편이 죽어 가는 모습을 고스란히 지켜봤어요."

그녀가 내뱉은 첫 마디에 나는 그대로 굳어 버리고 말았다. 이어지는 이야기는 내내 비현실적으로 느껴질 뿐이었다.

어느 해 여름, 휴가를 떠났다가 돌아오는 길에 샤론 부부는 먹을거리를 사려고 고속도로 휴게소에 잠시 들렀다. 그런데 그 휴게소에는 먼저 온 사람이 있었고, 그는 손에 총을 쥐고 있었다. 휴게소 주인을 총으로 협박하던 강도는 갑자기 샤론의 남편이 들어서자 당황한 나머지 총을 쏘았다. 탕! 탕! 두 발의 총성과 함께 휴게소 주인과 샤론의 남편이 차례로 쓰러졌다. 두 사람은 그 자리에서 즉사하고 말았다. 그때 샤론은 차 안에 앉아 창문을 통해 남편이 총에 맞아 쓰러지는 모습을 처음부터 끝까지 지켜봐야 했다. 샤론은 그때의 충격을 이렇게 표현했다.

"원자폭탄을 맞은 느낌이었죠."

그날 이후 샤론의 삶과 그녀가 알던 세상은 완전히 뒤집어지고 말았다. 그녀는 앞으로 다시는 예전처럼 살 수 없고, 예전의 시선으로 세상을 바라볼 수 없을 거라고 생각했다. 남편이 죽던 날 자신의 삶도 끝났으며 그저 껍데기만 숨을 쉬고 있을 뿐이라고 했다. 그 엄청난 충격과 상처를 딛고 다시 일어설 가능성은 제로였다. 나도 섣불리 그녀에게 '인정하고 끌어안으라'는 말을 할 수 없었다. 솔직히 그 정도의 상처를 이겨 내기란 절대 쉽지 않을뿐더러 설령 이겨 낸다 하더라도 아주 긴 시간이 필요한 게 사실이었다.

하지만 수개월 뒤에 다시 만났을 때 샤론은 몰라보게 달라져 있었다. 근황을 묻는 내 질문에 이런 대답이 돌아왔다.

"그저 걸음마 하듯 하루에 한 걸음씩, 한 걸음씩 발을 떼고 있어요. 지금도 여전히 그때 일이 떠오르면 그대로 주저앉곤 해요. 하지만 이젠 피하지 않아요. 가만히 앉아서 그 모든 감정을 가만히 바라보고 조금씩 끌어안으려고 노력하는 중이에요."

그러면서 샤론은 한 가지 중요한 깨달음을 얻었다고 했다. 예전에는 그저 당연하게만 여겼던 32년간의 결혼 생활이 얼마나 소중한 선물이었는지, 그리고 삶 자체가 얼마나 귀중한 것인지도 깨달았다고 했다.

"인생은 참 역설적인 것 같아요. 전 모든 걸 잃었잖아요. 살고 싶은 마음마저 사라졌었죠. 그런데 지금은 삶의 매 순간, 순간이 소중하게 느껴져요. 전에는 전혀 몰랐던 것들이죠."

이야기를 들으면서도 나는 그녀가 어떻게 그 무섭고 끔찍한 상처를 끌어안을 수 있었는지 경이롭기까지 했다. 그때 샤론이 내게 미소를 지으며 말했다.

"이 세상에 끌어안지 못할 아픔이란 건 없는 것 같아요. 절 보면 알 수 있을 거예요. 전 이제 살면서 마주하는 모든 것을 다 끌어안을 수 있거든요."

고통과 상처로 신음할 때 우리가 자주 듣는 얘기가 있다.

"잊어버려. 훌훌 털어 버리라고!"

잊으려 한다고 잊을 수 있는 게 아닌데도 자꾸 그런다. 사실 '잊어버림'은 '받아들임'과 정반대다. '잊어버림'은 아직 치유되지 않은 상처를 자신의 잠재의식에 그대로 묻어 둔다는 뜻이며, 그렇게 되면 결국 우리가 흔히 얘기하는 트라우마로 굳어지기 십상이다. 그러나 '받아들임'은 고통스러운 기억과 상처와 아픔들을 내 삶의 한 부분으로 인정한다는 뜻이다. 아무리 어둡고 칙칙하고 우울한 물감이라도 삶이라는 큰 그림에서 결코 빼놓을 수 없는 색채라는 사실을 인정하고 기꺼이 받아들이는 것이다.

밤과 낮, 빛과 어둠이 함께 하루를 만들어 가고, 궂은 날과 화창한 날, 추운 날과 더운 날이 서로 어우러져 계절을 만들어 가듯이 우리의 삶도 행복과 불행, 상처와 치유, 좌절과 희망이 하나 되어 조화롭게 굴러간다. 어느 한쪽만을 선택할 수 있는 것도 아니고, 싫다고 외면한다고 해서 사라지는 것도 아니다.

그렇기에 시련을 만났을 때 고개 돌리지 않고 그것을 똑바로 바라보는 시간이 필요하다. '오늘은 비가 오는구나'라고 하듯이 '나에게 지금 어려움이 닥쳤구나' 하고 사실을 있는 그대로 인정하고, 그것을 내 삶의 한 부분으로 받아들이기 위한 공간을 마련해야 하지 않을까? 어떤 일이 일어났을 때 좋고 나쁘고 판단하기 전에 일어난 일들을 있는 그대로 그냥 바라보는 것이다.

"그래, 나는 사고를 당했고, 아주 심한 상처를 입었어."

"맞아. 난 파산했고, 재산을 다 잃어버렸어."

"그 사람이 날 떠나 버렸어. 이제 돌아오지 않아. 난 혼자가 된 거야."

일어난 일은 이미 일어난 것이고 되돌릴 수 없다는 사실을 인정하고 아무런 꾸밈없이 받아들이는 것이다. 그 일은 연습도 아니고 시험 삼아 한번 벌어진 해프닝도 아니다. 이제 그 사건은 나의 이야기, 나의 역사 속 한 장면이 되었고, 앞으로도 절대 바뀌지 않는다. 시련이 들어앉을 공간을 마련하여 내 삶의 한 페이지로 삼는다는 것은, 결국 나에게 또 다른 변화의 기회가 주어졌으니 이제 그 속에 담긴 의미를 생각해 보자는 말이다.

이렇게 해서 내게 닥친 고난이 나와 내 삶의 한 부분이 되면서부터 진정한 변화를 향한 새로운 여정이 시작된다. 그리고 이 과정에서 우리는 뭔가를 하나씩 깨닫게 된다. 이를테면 자동차 사고를 낸 운전자가 잘못을 깨닫고 이제 다시는 운전하면서 핸드폰을 보지 않겠다고 다짐하기도 하고, 서민을 업신여기던 재력가가 파산으로 몰락한 뒤에 그들과 소통하고 공감하면서 세상을 바라보는 태도가 바뀌기도 한다. 소중한 사람을 떠나보낸 뒤에 같은 아픔을 지닌 사람들을 위해 상담센터를 열면서 아예 삶의 궤도가 바뀌는 경우도 허다하다.

인생이란 살면서 마주치는 모든 것들을 끌어안아 하나의 그림으로 만들어 가는 긴 여정이다. 이것은 한 걸음씩 천천히 나아가는 과정이며, 때로는 한참 가다가 다시 뒤로 쑥 물러나게 되는 일도 무수히 반복되곤 한다. 그러면서 어느 순간 나 자신이 완전히 달라졌다는 사실을 깨닫게 된다. 더 깊이 있고 성숙한 사람이 되었고, 또 그만큼 세상을 보는 눈도 달라져 있음을 알게 되는 것이다. 무엇보다 과거에 나를 그토록 괴롭혔던 문제와 고민거리들이 어느새 다 사라지고 마음 깊이 평온함을 느끼게 될 것이다.

만화경이 내게 가르쳐 준 것

어릴 때 우리 집에 만화경이 하나 있었다. 지름이 15센티미터 정도 되고 몸통이 고급스러운 검정 가죽으로 감싸인 커다란 만화경이었다. 망원경 같은 모양에 멋진 나무 받침대까지 갖춘 그야말로 명품 만화경이었다. 몸통 둘레에는 둥근 금속 고리가 있고, 또 거기에 2,3센티미터 간격으로 여섯 개의 손잡이가 달려 있어서 마치 범선의 타륜처럼 잡고 돌리게 되어 있었다.

나는 밤낮으로 그 만화경을 끼고 살았다. 틈만 나면 만화경 한쪽 끝에 눈을 바싹 갖다 대고 손잡이를 살살 돌리며 그 안에서 펼쳐지는 화려한 풍경에 넋을 잃곤 했다. 만화경 안에는 신기한 것들이 정말 많았다. 작은 공기 방울이 둥둥 떠 있는 액체 유리관, 작고 네모난 스크린, 화려한 레이스와 천 조각들, 갖가지 색종이와 반짝이는 금속 조각들, 작고 예쁜 못, 그리고 인형의 파란 눈동자까지….

그런데 잠깐, 파란 눈동자라고? 맞다. 인형의 얼굴에서 떼어 낸 듯한 파란 눈동자였다. 나는 그 파란 눈동자가 정말 이상했다. 만화경을 누가 만들었는지는 몰라도, 왜 하필 그런 걸 넣어 뒀을까?

나는 그 파란 눈동자가 너무 이상하고 눈엣가시처럼 거슬려 어떻게든 만화경 속 그림에서 사라지게 하려고 안간힘을 썼다. 요리조리 돌려도 보고 거울 뒤쪽으로 숨겨도 봤다. 조심조심 굴리다 보면 혹시라도 만화경 밖으로 빠져나가지 않을까 싶었다. '저 파란 눈동자만 없으면 정말 완벽한 만화경이 될 텐데'라고 생각했지만, 아무리 애를 써도 허사였다. 위로 돌려도, 옆으로 기울여도 파란 눈동자는 결코 사라지지 않았다. 나는 분통이 터져 견딜 수가 없었다.

그러던 어느 날, 늘 그랬듯이 만화경을 요리조리 돌리고 있는데 파란 눈동자가 우연히도 그림 윗부분에서 살짝 멈추는 것이었다. 징그럽기 짝이 없던 그 파란 눈동자가 그 순간 갑자기 친근하게, 심지어 아름답게 보였다. 나는 다시 만화경을 돌려 보기 시작했다.

'가만, 정말 예쁘잖아?'

그렇게 눈엣가시처럼 보기 싫었던 눈동자였는데, 언제 그랬나 싶게 예뻤다. 원래 예뻤던 다른 조각들과 비교해 봐도 전혀 어색하지 않았고, 조화롭기까지 했다. 이렇게 예쁜 걸 왜 그렇게 미워했을까?

그제야 나는 그 파란 눈동자가 만화경의 전체 그림에 아주 특별한 매력을 더해 주고 있다는 걸 알았다. 만약에 파란 눈동자가 없었다면? 어쩌면 이 만화경은 그렇게 신비롭고 매혹적인 분위기를 만들어 내지 못했을 것이고, 나 또한 그렇게까지 푹 빠져들지 않았을 것이다. 그날 이후, 나는 그 파란 눈동자도 만화경에서 결코 빠질 수 없는 소중한 일부라는 사실을 받아들이게 되었다.

물론 어린 나이에 만화경과 파란 눈동자가 무엇을 의미하는지, 예컨대 시련(파란 눈동자)을 삶(만화경)의 소중한 일부로 받아들여야 한다는 교훈 같은 것을 깨달았을 리는 없다. 하지만 세월이 흐르면서 많은 아픔과 슬픔을 겪고 나서야 '끌어안음'이라는 메시지에 대해서 어느 정도 말할 수 있다. 모든 시련은 우리에게 도저히 받아들이기 힘든 그 무언가를 오히려 끌어안으라고 속삭인다. 좋은 것도 나쁜 것도 끌어안으라고. 맑은 물과 탁한 물을 모두 받아들이는 바다처럼 우리도 삶에서 만나는 아름다운 것과 추한 것, 못난 면과 잘난 면, 약한 것과 강한 것, 상반된 그 모든 것을 기꺼이 끌어안아 하나로 합치라고.

받아들인 사람과 받아들이지 못한 사람

주변을 둘러보면 도저히 받아들일 수 없을 정도로 큰 상처를 기꺼이 끌어안고 하나로 받아들여, 마침내 새로운 삶을 계속 이어 가는 사람이 있다. 혹은 반대로 작고 사소한 것들조차 외면하다가 화를 자초하는 사람도 얼마든지 있을 수 있다. 수용과 포용, 그리고 통합으로 이어지는 과정은 우리 삶에서 수많은 변주로 나타난다. 다음 소개하는 주인공들은 무엇을 어떻게 받아들이고, 또 받아들이지 못했을까?

샐리 앤은 부동산 중개업으로 큰 성공을 거둔 여성이다. 그녀는 10년 넘도록 도시 재개발 사업을 이끌며 놀라운 성과를 이루었고, 도심의 고급 빌딩과 화려한 콘도를 소유할 정도로 부를 축적했다.

어느 날 그녀는 자신이 너무 오랫동안 일에만 파묻혀 살아왔다는 생각에 모처럼 휴식을 갖기로 했다. 그녀는 동료들에게 업무를 맡기고 세 차례 연속 장기 휴가를 떠났다. 일할 때처럼 쉴 때도 과감하게 쉬어 보겠다는 심산이었다. 그런데 휴가 중에 동료에게서 긴급 메시지가 날아왔다. 부동산 시장에 이상 징후가 포착되고 있다는 일종의 경고 메시지였다. 하지만 샐리는 그 신호를 가볍게 무시했다.

'부동산 시장이야 늘 이상 징후가 발생하는 법이지.'

발리의 어느 외딴 마을에서 마사지를 받고 있을 때도 이메일이 도착했지만, 그녀는 확인 버튼조차 누르지 않았다. 이 환상적인 휴가지에서 업무에 신경 쓰고 싶진 않았다.

'쉴 때는 확실히 쉬어 줘야지.'

샐리 앤은 늘 어딘가에 온 힘을 쏟는 성격이었다. 한 가지 일에 모든 관심과 에너지를 집중해야만 성과를 올릴 수 있다는 것이 그녀의 지론이었다. 그래서 일할 때도 오로지 일만 했듯이 쉴 때도 모든 걸 다 잊고 오로지 휴식에만 집중한 것이다. 그렇게 그녀는 남태평양의 휴양지에서 멋진 휴가를 즐겼다.

긴 휴가를 마치고 현실로 복귀했을 때, 샐리 앤은 깜짝 놀라고 말았다. 그녀의 사업이 무너질 대로 무너져 이미 회복 불가능한 상태가 되어 있었던 것이다. 그녀는 큰 충격을 받았을 뿐만 아니라 설상가상으로 건강마저 나빠져 병원 신세를 져야만 했다. 입원해 있는 동안 치료비는 점점 불어나고, 통장 잔액은 점점 줄어들었다.

결국 그녀는 자기 명의로 된 모든 부동산을 처분하고 파산 신청을 하기에 이르렀다. 그 뒤 1년 넘도록 친구 집에 얹혀살다가 그마저도 어렵게 되자 아는 사람 하나 없는 변두리로 거처를 옮겼다. 샐리는 친구들에게 가끔 이메일을 보냈는데 거기엔 언제나 이런 말이 적혀 있었다.

'내가 살던 곳으로 돌아가고 싶어. 다시 예전으로 돌아가고 싶어.'

샐리 앤은 언제나 한 가지만 바라보고 거기에 몰두하는 사람이었지만, 이번에는 달랐다. 그녀가 현재 상황을 직시하고, 이미 벌어진 일을 온전히 받아들인 다음, '나에게 왜 이런 시련이 찾아왔을까?'를 곰곰이 생각해 보기까지는 아직 좀 더 시간이 필요했다.

디안드라의 삶은 거의 완벽에 가까웠다. 그녀는 아름다운 외모와 경제력, 그리고 사랑하는 연인과 건강한 몸, 게다가 뛰어난 운동 능력까지 골고루 다 갖춘 여성이었다. 하지만 그런 완벽한 디안드라에게 어느 날 상상조차 못했던 끔찍한 일이 벌어졌다. 여느 때처럼 자전거를 타고 아스팔트를 질주하다가 마주 오던 트럭과 충돌하고 만 것이다.

이 사고로 그녀는 다행히 목숨은 건졌지만, 하반신 마비만큼은 피할 수 없게 되었다. 이후 디안드라는 고통스러운 치료와 재활 과정을 겪어야 했다. 하지만 그보다 더 고통스러운 것은 부모님의 어처구니없는 대응이었다. 그녀의 부모님은 딸의 장애를 끝내 받아들이지 못한 나머지 온갖 비과학적인 자연 치료 쪽으로 눈길을 돌렸다. 여기저기 수소문해서 듣도 보도 못한 민간 치료사들을 데려오질 않나, 심지어 주술사까지 불러들여 소위 '기적 요법'을 행하며 낫게 해달라고 빌기도 했다.

"하반신 마비요? 전 얼마든지 받아들여요. 하지만 부모님의 어리석은 행태만큼은 정말 참을 수가 없어요."

나와 만난 자리에서 디안드라는 현실을 인정하지 못하는 부모님의 어리석은 태도가 너무 싫고 괴롭다고 털어놓았다.

나는 그녀가 마음껏 분통을 터뜨리도록 충분한 시간을 주었다. 그리고 한참 뒤에 그녀에게 말했다.

"어쩌면 당신의 현실을 받아들이지 못하는 부모님의 그 이상한 집착마저도 받아들여야 하는 게 아닐까요?"

디안드라는 저항했다. 고개를 세차게 흔들며 받아들이기 힘들다고, 너무 괴롭다고 소리쳤다. 나는 잠자코 그녀를 바라보기만 했다. 그녀의 눈에 눈물이 맺히기 시작했다. 이제야 비로소 자신의 비극을 정면으로 바라보고, 영혼을 치유하는 첫 관문으로 발을 들여놓은 셈이었다. 디안드라는 마음껏 울었다. 그리고 그동안 부모님에게 가려져 있던 자신의 슬픔과 상처, 그리고 절망적인 현실을 조금씩, 조금씩 받아들이기 시작했다.

디안드라의 삶은 사고 이전과 이후로 나뉘었다. 사고가 나기 전까지만 해도 그녀는 말 그대로 모든 것을 다 가진 사람이었다. 하지만 사고로 인해 다리를 쓸 수 없게 되자 모든 게 달라졌다. 무엇보다 그녀는 다리뿐만 아니라 이제 그 어느 것도 스스로 통제할 수 없다는 사실을 깨달았다. 사고를 당한 뒤부터 삶이 극단적으로 달라진 만큼 달라진 현실을 받아들이는 일 또한 참으로 힘들고 고통스러운 과정이었다.

그럼에도 디안드라는 수개월에 걸쳐 그 일을 해낸 것 같았다. 계절이 겨울로 접어들던 어느 날, 그녀가 내게 보낸 메일에는 이렇게 적혀 있었다.

> 요즘은 내 인생을 망쳐 버린 그 끔찍한 자전거 사고가 우연이 아니었을 거라는 생각이 자주 들어요. 어쩌면 나의 진짜 소명을 일깨워 주기 위해 그런 일이 생긴 게 아닐까 싶네요. 저는 이제 그 사고를 원망하지 않아요. '사고가 생기지 않았더라면 얼마나 좋았을까?' 하는 생각도 이젠 다 사라졌어요. 저는 이제 육체적 삶만이 인생의 전부가 아니라는 걸 알아요. 세상을 살아가는 방식은 결코 하나뿐이 아니거든요. 다른 사람들에게도 이 사실을 알려 주고 싶어요.

디안드라는 어느 작은 소도시의 라디오 방송국에서 심야 프로그램 DJ로 활동한다고 했다. 여러 가지 이유로 주류의 삶에서 소외된 이들을 위해 음악을 틀고 청취자들이 보내오는 간절한 사연들을 읽어 주며 하루하루 충만하게 살아간다고 했다. 예전보다 친구가 열 배는 많아졌다는 말도 덧붙였다.

릭은 돈을 두려워했다. 정확히 말하면 가난에 대한 공포가 유난히 심한 편이었다. 부모님이 평생 돈에 허덕이다가 끝내 가난을 극복하지 못한 채 세상을 떠난 것이 그에게 큰 아픔으로 남아 있었던 모양이다. 그래서 그는 25년간 거의 쉬지 않고 일벌레처럼 일에만 파묻혀 살았다. 노후에 부족함 없이 살기 위해 돈을 충분히 저축하는 것만이 그의 인생 최대 과제였다.

하지만 2008년에 주식시장이 급락하면서 릭도 엄청나게 큰 피해를 봤다. 평생 일해서 모아 온 재산의 절반 이상이 한순간에 날아간 것이다. 그때 릭은 하늘이 무너지는 느낌이란 게 어떤 건지 절실히 깨달았다고 했다. 평생 준비해 온 '넉넉한 노후 생활'의 꿈이 사라지자 더 이상 일할 의욕도, 살아갈 에너지도 고갈된 느낌이라고 했다.

나는 그의 말에 공감하며 위로했다.

"지금은 그럴 거예요. 충분히 이해해요. 하지만 지금의 감정만이 인생의 전부는 아니란 걸 꼭 기억하셨으면 좋겠어요."

누구나 지옥의 한복판을 걸어갈 때는 지옥 생각뿐인 게 당연하다. 하지만 그 암울한 터널도 결국은 끝이 있는 법이고, 마침내 터널 끝에 희미한 빛이 보이는 순간, 이전과는 다른 감정, 다른 에너지가 생겨난다. 나는 릭에게 지금 드는 생각만으로 인생 전체를 섣불리 판단하진 말라고 조언했다.

"평생 그렇게 열심히 일했는데, 더구나 크게 잘못한 것도 없고 무리하게 욕심낸 것도 없는데 왜 이런 시련이 닥쳤는지 잘 생각해 보세요."

릭은 쉽지 않지만 내 조언을 잘 생각해 보겠다고 말하고는 자리를 떴다. 돌아서는 그의 뒷모습에서는 생기가 전혀 느껴지지 않았다.

그로부터 거의 1년이 다 돼 가던 어느 날, 릭에게서 다시 연락이 왔다. 그는 펜실베이니아의 어느 작은 강변 마을에 살고 있었다. 그의 목소리를 듣자마자 좋은 소식일 거라는 예감이 들었다. 들어 보니 역시나 그랬다.

"한동안 정말 무기력하게 지냈었죠. 그런데 하루는 길을 걷고 있는데 어디서 윈드차임 소리가 들려오는 거예요."

길가의 카페에 걸려 있던 윈드차임이 바람결에 흔들리면서 맑은 소리를 낼 때, 릭은 퍼뜩 정신을 차렸다고 했다. 자신이 평생 단 한 번도 삶을 즐겨 본 적이 없었다는 사실을 깨닫는 순간이었다.

"그때까지만 해도 저는 잃어버린 돈을 만회하려고 다시 미친 듯이 노력해야겠다는 생각을 하고 있었죠. 그런데 그때 윈드차임이 저에게 경종을 울려 준 거예요."

그날 이후 릭은 '넉넉한 노후'라는 막연한 목표만을 바라보며 살아온 인생을 되돌아보았다. 그제야 비로소 '도대체 어떤 일을 하면서 노후를 보낼 것인지에 대해서는 한 번도 생각해 본 적이 없었구나' 하는 걸 깨달았다.

"평생 일해서 돈을 벌고, 그렇게 벌어 둔 돈으로 편안한 노후를 보내는 게 인생의 전부라면 너무 허무하고 무의미하잖아요."

그리고 며칠 뒤 릭은 짐을 쌌다. 다시 미친 듯이 노력하는 대신 고향인 펜실베이니아의 강변 마을로 내려가기로 한 것이다. 그는 작고 소박한 아파트로 이사한 뒤 허름한 창고를 빌려 공방으로 꾸몄다. 그리고 윈드차임을 만들기 시작했다. 어릴 때 이웃 어른들한테서 윈드차임 만드는 법을 배운 적이 있어 가능했다.

"요즘은 날마다 강변에 나가서 윈드차임을 팔고 있어요. 많이 팔릴 때도 있고 하나도 못 팔 때도 있지만 대체로 만족합니다."

릭은 평생 요즘처럼 느긋하고 여유로운 적이 없다고 말했다. 그러면서 하루하루 '사는 맛'을 느끼면서 살고 있다고 했다.

●● 마음속 오랜 상처는 어떻게 끌어안을까?

거울 앞에 서서 한숨 한번 내쉬지 않은 사람이 있을까? 사춘기 때는 "내 코는 왜 이렇게 뭉툭할까? 이마는 또 왜 이렇게 좁은 거야?" 하고 불평하다가, 나이 들어서는 "휴우, 주름살이 또 하나 늘었네. 볼살도 자꾸 처지는 것 같아" 하고 탄식한다. 다들 그런다.

만약에 거울로 현재의 삶을 들여다볼 수 있다면 불평불만이 훨씬 더 늘어나지 않을까? 가령 "왜 미리 돈을 저축해 두지 않았나 몰라" "왜 진작 건강에 더 신경 쓰지 않았을까" "그 나쁜 자식이 날 버리기 전에 내가 먼저 차버릴걸" "아, 그때 그 엉터리 계약서에 사인만 안 했더라면…" 이런 식으로 말이다.

당신은 지금 무엇이 불만인가? 잠시 시간을 내서 한번 생각해 보자. 내가 무시해 버리고 싶은 것, 훌훌 날려 보내고 싶은 것, 절대 인정하고 싶지 않은 것들을 하나하나 떠올려 보자. 무엇이 떠오르는가? 한두 가지인가, 아니면 수십 가지가 넘는가? 많든 적든 상관없다. 사실은 방금 떠올린 것들이 전부 당신이 끌어안아야 할 것들이다.

아무리 부인하고 외면해도 거울 속의 주름살은 사라지지

않는다. 갑자기 하늘에서 돈이 툭 떨어지는 것도 아니고 떠나간 애인이 돌아오는 것도 아니다. 이미 그것들은 당신 삶의 한 조각이 되었으니, 당신이 해야 할 일은 그것을 인정하고 받아들이고 끌어안는 것뿐이다.

그런데 놀라운 것은, 마음에 들지 않는 자신의 외모나 불만족스러운 환경을 못 받아들인다는 건 그렇다 치고, 자신의 괜찮은 면이나 행운마저 한사코 부정하고 밀어내는 경우가 의외로 많다는 점이다. 예를 들면 실력을 인정받아 승진했으면서도 자신은 그럴 만한 자격이 없다며 오히려 움츠러드는 사람, 주변에서 아무리 칭찬해 줘도 아니라고 한사코 손사래 치며 뒤로 물러나는 사람, 매너 좋고 능력 있는 훈남이 다른 예쁜 여자들을 제치고 나에게 데이트 신청을 해 와도 '장난치나?' 하면서 거절하거나 도망치는 사람이 여기에 해당한다.

이런 경우는 대개 마음속 깊은 상처와 관련이 있다. 어릴 때 부모나 형제, 혹은 학교 선생님이나 주변 사람들이 자신만의 특별함과 개성을 무시하거나 깎아내리는 바람에 상처받은 적이 있다면, 성인이 되어서도 자기 자신을 있는 그대로 인정하고 받아들이지 못할 수 있다.

마이카는 엄마의 피아노 반주에 맞춰 노래 부를 때가 가장 행복했다고 한다. 그런데 하루는 여느 때처럼 즐겁게 노래를 부르고 있는데, 그의 짓궂은 누나가 다가와 가슴에 못을 박는 말을 했다.

"꿱꿱, 꿱꿱! 정말 못 들어 주겠네! 그놈에 돼지 먹따는 소리 좀 그만둘 수 없어? 지가 정말 노래를 잘하는 줄 아나 봐."

어느 집이건 십 대 초중반의 현실 남매들끼리 흔히 해 대는 장난 섞인 독설이었지만, 여린 감성의 마이카에게는 장난으로 받아들여지지 않았던 모양이다. 그는 얼굴이 벌게져서 자기 방으로 들어가 문을 쾅 닫고 침대에 엎어져 베개를 뒤집어쓴 채 누나를 저주했다.

사실 마이카의 목소리는 빈 소년 합창단에 들어가도 손색이 없을 만큼 곱고 아름다웠다. 어쩌다 학교나 교회에서 노래할 때면 언제나 칭찬과 갈채가 쏟아지곤 했다. 수업 시간에 책을 읽을 때도 선생님은 늘 마이카에게 낭독을 시키곤 했다. 하지만 마이카는 여간해선 사람들 앞에 나서지 않으려 했다. 사람들의 이목을 받는 게 싫었고, 모두가 칭찬해 주는 자신의 목소리도 싫었다.

고등학생 때 마이카는 선생님의 권유로 연극반에 들어갔다. 처음엔 거의 주목받지 않는 단역을 맡았지만, 얼마 지나지 않아 연극반에서 기획한 뮤지컬 '브리가둔Brigadoon'의 주연으로 발탁되었다. 마이카는 깜짝 놀랐다. 그는 한사코 손사래 치며 배역을 거절했다. 몸이 아프다, 방과 후에 할 일이 너무 많다, 온갖 핑계를 대기도 하고, 그냥 대역 정도만 맡게 해 달라고 빌어 보기도 했다. 하지만 연극반을 이끄는 담당 교사는 단호하고도 완강했다.

"마이카, 누가 뭐래도 이 뮤지컬의 주인공은 너야. 너밖에 없어."

담당 교사는 이번이야말로 마이카의 숨겨진 재능을 끌어낼 절호의 기회라고 판단한 듯 거의 반강제로 주연을 떠맡겼다. 하지만 마이카는 연습을 빠지거나 공동 주연을 맡은 친구에게 일부러 싸움을 거는가 하면, 술에 취해 연극반에 모습을 드러내기도 했다.

보다 못한 담당 교사는 마이카의 그런 노골적인 반항에 종지부를 찍기 위해 그를 따로 불렀다. 그리고 진심으로 대화를 나눴다. 두 사람의 대화는 마치 두 명의 배우가 무대 위에서 자기 내면을 쏟아 내는 듯한 분위기로 흘러갔다. 교사의 진정 어린 태도에 마이카는 결국 마음을 열었다. 그는 오래전 누나에게서 받은 상처를 고백하며 흐느꼈다. 그때 이후로 다시는 노래를 부르지 않겠다고 다짐했다는 것도 털어놓았다.

마이카의 은밀한 사연과 트라우마를 알게 된 교사는 그 이야기를 둘만의 비밀로 하기로 하고, 이틀에 한 번씩 따로 만나 시간을 보냈다. 예전에 연극 치료를 전공하기도 했던 교사의 정성 어린 도움 덕분에 마이카는 서서히 뮤지컬 주연 연습에 에너지를 쏟기 시작했다. 그리고 마침내 뮤지컬 공연이 열렸고, 마이카는 이 공연으로 많은 이들로부터 극찬을 받았다. 딱 한 사람, 그의 누나만 빼고. 그녀는 동생의 뮤지컬 공연이 있던 그 주에 친구들과 훌쩍 캠핑을 떠나 버렸다.

마이카는 그날 이후 어느 정도 자신감을 얻고, 음악인의 길을 걷기로 했으며 졸업 후에는 가수로 활동하기 시작했다.

내가 마이카를 만났을 때, 그는 아직도 누나의 그림자에서 완전히 벗어나지는 못한 상태였다. 지금도 무대에서 공연을 할 때면 마녀 같은 누나의 독설이 불쑥불쑥 떠오른다고 했다. 뿐만 아니라 그동안 몇 번 찾아온 좋은 기회마저도 스스로 날려 버렸다고 털어놓았다. 최근에는 계약서에 사인만 하면 되는 상황에서 한참 머뭇거리다가 엄청난 기회를 놓칠 뻔한 적도 있었다.

나는 그가 타고난 재능을 지닌 가수라는 것을 조금도 의심하지 않았다. 하지만 아직 젊은 그가 더 훌륭한 음악가로 성장하기 위해서 반드시 마주해야 할, 그리고 끌어안아야 할 것이 무엇인지는 알 것 같았다. 나는 마이카에게 그동안 내가 만난 다른 분야의 예술가들에게도 각자의 아픔과 상처가 있었다는 이야기를 들려주었다. 그리고 그에게도 똑같은 말을 건넸다.

"마이카, 진정한 재능이란 그 재능을 억누르는 상처와 아픔까지 끌어안았을 때 비로소 꽃 피우는 게 아닐까요?"

● 삶을 받아들인다면 죽음도 받아들이자

"다시는 고양이를 키우지 못할 것 같아요."

헤더는 키우던 고양이가 갑자기 죽어 버리자 슬픔을 견디지 못해 나를 찾아왔다. 태어난 지 6개월도 채 안 된 새끼라서 그녀는 녀석이 행여 바깥으로 나갈까 봐 각별히 신경을 썼다고 했다. 그런데 어느 날 새벽 3시쯤 난데없이 개가 짖어 대는 바람에 허겁지겁 밖으로 나가 보니, 고양이가 로드킬을 당한 채 길바닥에 쓰러져 있었다.

"녀석을 뒤뜰에 묻어 주고 나서 밤새도록 울었어요."

헤더는 몇 주일이 지나도록 슬픔에서 벗어나기는커녕 점점 더 우울해졌다고 했다. 얘기를 더 들어 보니 키우던 고양이가 죽은 게 이번이 처음이 아니라고 했다. 열세 살 때 처음으로 키우던 고양이가 아무 이유 없이 죽었고, 대학생 때에는 아끼던 고양이를 코요테가 잡아먹었으며, 나중에 다른 도시로 이사하고 나서도 세 번째, 네 번째 고양이를 떠나보내야 했다.

"왜 그런 걸까요? 왜 나한테만 자꾸 이런 일이 일어나는지 모르겠어요. 저는 고양이를 너무 사랑해요. 정말이지 고양이 없이는 도저히 살 수 없어요. 하지만 이제 다시는 고양이를 키우지 못할 것 같아요."

이 이야기를 하면서 헤더는 손을 덜덜 떨기까지 했다.

나는 그녀에게 "헤더, 모든 생명체는 필연적으로 죽음을 피할 수 없어요"라고 말했다. 그리고 자꾸 고양이를 떠나보낸 것도 어쩌면 앞으로 인생에서 더 소중한 누군가를 필연적으로 잃게 될 때를 대비한 연습 과정일지도 모른다고 알려 주었다. 사랑하는 존재를 떠나보낼 때의 그 상실감을 끌어안아 보라고, 그렇게 온전히 받아들이고 끌어안을 때 비로소 고양이와 함께했던 행복한 시간에 감사하는 법도 배울 수 있는 거라고 조언했다.

하지만 그날 헤더는 끝내 우울한 표정을 펴지 못한 채 집으로 돌아갔다.

그녀가 다시 찾아온 것은 그로부터 두어 달이 지난 뒤였다. 다행히 그녀의 얼굴은 처음 봤을 때보다 한결 밝아져 있었다. 나는 헤더에게 맞은편 자리를 권한 다음 등받이에 푹 기대어 그녀의 말에 귀를 기울였다.

"그동안 참 많이 울었어요."

그녀는 더 이상 눈물이 안 나올 때까지 실컷 운 다음 새로운 고양이를 맞이했다고 말했다.

"솔직히 그동안 내가 키우는 고양이는 절대 죽지 않을 거라는 믿음이 잠재의식에 깔려 있었던 것 같아요. 정말 바보 같죠?"

그녀는 또 생명이란 것이 얼마나 덧없고 꺼지기 쉬운 것인지 새삼 깨달았다고 했다. 그래서 오히려 더 경외감을 품고 삶을 바라볼 수 있게 되었다고도 했다.

"저요, 사실은 그 뻔한 사실을 단 한 번도 똑바로 마주 대한 적이 없었어요."

나는 고개를 끄덕이고 그녀에게 미소를 지어 보이며 계속 이야기를 들었다.

그렇게 한참 대화를 나누던 중 그녀의 입에서 자연스럽게 아버지 이야기가 흘러나왔다. 헤더는 아버지와 사이가 좋지 않아 꽤 오랫동안 만난 적이 없다고 했다. 그런데 이상하게 최근 들어 자꾸 불쑥불쑥 아버지 생각이 난다는 것이었다. 나는 그녀에게 아버지의 연세를 물어봤다. 해가 바뀌면 여든일곱이 된다고 했다. 건강은 이상 없으신가 하고 질문했더니 잘은 모르지만, 괜찮은 것 같다고 했다. 나는 그녀에게 우리 아버지가 자주 하시던 말을 해 줬다.

"사람이란 게 그래요. 늘 좋은 소식만 듣고 싶어 하는 법이죠."

그러고 나서 우리 아버지 이야기를 잠시 들려줬다. 아버지가 생의 마지막 순간까지 의연한 모습을 지키려 애썼다는 이야기, 내가 쓴 글을 아버지에게 한 번도 보여 주지 못했다는 이야기, 하루하루 지날수록 점점 더 그리워진다는 이야기들…. 그녀는 내 이야기가 끝날 때까지 가만히 귀를 기울였다.

그 뒤 거의 한 달쯤 지났을 때 헤더가 다시 나를 찾아왔다. 그녀는 정말 오랜만에 아버지를 만났고 둘이 함께 평생 처음으로 진솔한 대화를 나누었다고 했다. 그리고 바로 그다음 날 아버지는 뇌졸중으로 쓰러져 이틀 후에 세상을 떠났다고 했다.

헤더는 담담한 목소리로 말했다.

"이제 와서 생각해 보니 아버지가 그동안 저를 쭉 기다리고 계셨던 것 같아요. 마지막으로 저를 만나 보고 떠나시려고."

전에 그녀는 사랑하는 고양이를 떠나보낸 뒤 힘겹게 그 슬픔을 끌어안았고, 그 과정에서 삶의 덧없음을 조금은 이해하게 되었다고 했다. 만일 그런 일이 없었더라면 아버지의 갑작스러운 죽음을 결코 지금처럼 담담히 받아들이지 못했을 거라고 말했다. 여러 차례 고양이와의 이별을 겪으며 상실의 아픔을 껴안았던 일이 결국 아버지와의 소원했던 관계를 마주하고, 그분의 갑작스러운 죽음을 받아들이는 데 커다란 도움이 된 것이다.

🫐 모두가 우리 인생의 소중한 조각들

메간이 상담실 문을 열고 들어왔을 때 그녀의 눈에는 설렘과 두려움이 복잡하게 섞여 있었다. 이미 두 차례의 참담한 이별을 겪었던 그녀는 최근에 만난 남자와 새로운 사랑을 막 시작하려는 참이었다. 하지만 과거의 아픔 탓인지 그녀는 마치 상처받은 새가 다시 날개를 펼칠까 말까 주저하듯이 잔뜩 망설이고 있었다.

"선생님도 아시다시피 저는 이미 두 번이나 사랑에 실패했어요. 두 남자에게 너무 많은 시간을 낭비한 셈이죠."

그녀는 손을 매만져 가며 말을 이어 갔다.

"이젠 더 이상 시간을 낭비하고 싶지 않아요. 제 말이 틀린 건 아니죠?"

나는 그녀의 눈동자를 들여다보며 물었다.

"메간, 혹시 예전의 두 남자와 함께했던 시간을 마치 인생에서 지워 버려야 할 오점처럼 여기는 건 아닌가요?"

메간이 대답했다.

"어머, 당연히 지워야죠, 선생님! 차라리 그들을 만나지 않았더라면 얼마나 좋았을까요? 지금이라도 기억에서 싹 지워 낼 수만 있으면 정말 좋겠어요."

지금 메간은 이전 남자들과 함께했던 모든 순간마저 자신과는 무관한 일인 것처럼 마음속으로 딸깍, 삭제 버튼을 누르려는 것이다. 나는 그녀를 진정시킨 다음, 다시 처음부터 차근차근 대화를 풀어 나갔다. 대화가 깊어질수록 그녀의 지난날들이 전혀 다른 풍경으로 드러나기 시작했다.

우선 첫 번째 남자에 대해 이야기하면서 그녀의 목소리는 처음보다 훨씬 부드러워졌다.

"그 사람은 뭐랄까, 제 마음을 어떻게 어루만져야 하는지 잘 알았던 것 같아요."

사실 그녀의 부모는 모두 알코올중독자였고, 그들에게서 사랑이나 보호를 받은 기억은 전혀 없었다. 하지만 그녀는 첫 번째 남자 친구와 함께 있을 때만큼은 세상이 참 안전하다고 느꼈다고 한다.

두 번째 남자에 대한 기억도 마찬가지였다. 그는 언제나 메간을 웃음 짓게 했고, 그 순간들이 정말 행복했다는 사실만큼은 변함이 없다고 했다. 다만 그녀는 두 남자와 이별하던 순간의 그 참담한 심정 때문에 예전의 행복한 기억들마저 송두리째 지워 버리고 싶은 것이다.

나는 메간에게 과거를 바라보는 시선을 조금만 바꿔 보자고 제안했다.

"그 기억들을 전부 당신의 '라이프 스토리'에 포함시키는 건 어떨까요? 《메간의 인생 이야기》라는 책 속의 한 챕터로 말이에요. 행복한 기억은 물론이고 아프고 괴로운 기억들까지 모두 아우르는 거예요. 과거의 힘들었던 기억을 무조건 지워 버려야 할 실수나 흑역사로 여기지 말았으면 해요. 왜냐하면 그런 경험들도 지금의 당신을 만들어 준 소중한 퍼즐 조각들이니까요."

나는 그녀의 눈에서 처음으로 긴장이 풀리는 것을 볼 수 있었다. 우리는 계속 이야기를 나누었고, 마침내 메간의 입에서 깊은 한숨이 흘러나왔다. 마치 오랫동안 짊어지고 있던 자책감과 원망을 함께 내쉬는 듯했다.

몇 주 뒤에 다시 만났을 때 그녀는 좀 더 명랑해진 목소리로 내게 말했다.

"과거의 명암을 함께 끌어안으라는 말이 무슨 뜻인지 이제 조금은 알 것 같아요."

그리고 예전에 두 남자를 사랑했던 순간만큼 이별의 순간에 느꼈던 고통 또한 똑같은 무게의 의미가 있다는 사실도 인정한다고 했다. 지금 사랑하는 그 남자는 물론이고 지나간 두 남자까지 모두 삶이라는 여정에 함께 올라서 있는 존재들임을 깨닫기 시작한 것이다.

나는 그녀를 향해 손뼉을 쳤다.

"축하해요. 길 위에 제대로 올라섰군요."

내 말에 그녀가 수줍게 웃었다. 우리는 서로를 안아주고 축복을 빌어 준 뒤 헤어졌다.

삶이란 받아들이고 끌어안는 일이다. 그게 제대로 되지 않을 때 삶은 우리에게 슬며시 시련을 안겨 준다. 그리고 그 시련을 통해 좀 더 끌어안아 보라고, 마음의 그릇을 넓히고 더 많이 받아들이라고 속삭인다. 나는 받아들임이라는 과정을 거치지 않고 시련을 오롯이 이겨 낸 사람을 본 적이 없다.

설령 극복했다고 하더라도 온전한 수용의 과정이 없다면 결국 또 다른 시련이 찾아오곤 했던 것 같다. 우리가 정말로 온 영혼으로 그것을 받아들일 때까지 시련은 마치 파도처럼 지치지 않고 찾아온다. 도대체 왜? 무슨 원한이 있어 그런단 말인가?

인간은 힘든 것을 밀어내고, 싫은 것을 외면하며, 혼란에 빠지기 쉬운 존재이지만, 우리 내면의 영혼은 언제나 온전함과 포용과 통합을 향해 움직이기 때문이다. 우리는 궁극적으로 영적인 존재이기 때문에 삶은 언제나 우리를 영적 자아가 성장하는 길로 이끈다. 그래서 만화경 속의 파란 눈동자처럼, 삶은 우리가 끌어안고 받아들여야 할 무언가를 끊임없이 우리에게 보여 주는 것이다.

지금 당신은 어떤 상태인가? 골치 아픈 문제로 머리를 싸매고 있는가, 아니면 절망의 한복판에서 허우적대고 있는가? 어떤 이유에서건 마음이 어지럽고 괴롭다면, 그 문제의 원인과 해결책을 찾으려고 애쓰기 전에 먼저 마음을 들여다보길 권한다. 무엇을 받아들여야 하는지, 무엇을 끌어안아야 하는지, 내 삶의 무늬로 합쳐야 할 그것이 무엇인지 찾아내어 온전히 끌어안는 과정을 꼭 거쳤으면 한다.

삶의 해답이 찾아오는 순간

지금부터 당신의 모든 측면을 받아들여 보자. 추하고 흉한 모습, 짜증 나는 모습, 외면하고 싶거나 삭제해 버리고 싶은 모습을 모두 받아들이기로 하자. 당신 앞에 닥친 모든 일도 그저 받아들여 보자. 끌어안을 때 비로소 영혼과 자아가 완전해진다는 사실을 기억하는 것이다. 그렇게 하면 우리는 전에 느끼지 못했던 새로운 평온을 얻을 수 있다. 그 평온한 경지를 꿈꾸며 다음 질문들을 생각해 보자.

- 지금 끌어안아야 할 고통, 힘든 기억, 상실의 경험은 무엇인가? 집을 잃었는가? 직장에서 해고당했는가? 연인이 떠나 버렸는가? 심각한 병에 걸렸다는 사실을 알게 되었는가?

- 이 모든 현실을 당신은 어떻게 대하고 있는가? 거부하고 회피하는가, 아니면 인정하고 수용하는가? 그것은 이미 일어난 일이고, 결코 없어지거나 되돌릴 수 없는 일이며, 할 수 있는 것은 받아들임뿐이라는 사실을 과연 인정할 수 있겠는가?

- 그 경험 속에 당신이 끌어안아야 할 보다 깊은 의미가 담겨 있다면, 그 의미는 무엇인가? 지금 이 시련은 당신에게 무엇을 이해하라고, 또 무엇을 향해 나아가고 깨달으라고 재촉하는가?

- 자신에게 닥친 고난을 끌어안은 경험으로 인해 당신은 전과 다르게 어떻게 변화하고 있는가? 또는 앞으로 어떻게 변화하고 싶은가? 어떤 결과를 얻고 싶은가?

8

비우고 덜어 내라

> "아무것도 부족하지 않다는 것을 깨닫는 순간
> 세계는 당신과 하나가 된다."
> _ 노자

 내가 사는 동네에 새로 북카페가 생겼다고 해서 친구와 함께 그리로 걸어가던 중이었다. 모퉁이를 돌자 한 대형마트 앞으로 사람들이 웅성웅성 모여들고 있었다. 입구에 걸린 현수막에는 '전 품목 70~80퍼센트 세일'이라고 적혀 있었다. 무슨 이유에서인지 긴급하게 재고 정리를 하는 것 같았다.
 시간도 남겠다, 우리는 구경 삼아 마트에 한번 들어가 보기로 했다. 물론 별 기대는 하지 않았다. 70퍼센트나 할인된 헐값에 팔아치울 상품이라면 뻔할 테니까. 그런데 그게 아니었다. 일반 쇼핑몰에서 판매되는 버젓한 상품들을 정말 헐값에 팔고 있었다. 전자제품, 의류, 가구, 식자재까지 없는 게 없었다. 심지어 거저 준다 싶을 만큼 싼 물건도 수두룩했다. 입장하는 사람들은 점점 늘어나고, 우리 앞에는 큼지막한 카트가 놓여 있었다.

나는 잽싸게 카트를 하나 챙긴 다음 친구에게 말했다.

"쇼핑할래?"

그러자 친구는 단 1초도 망설이지 않고 대답했다.

"뭐 하러? 딱히 필요한 것도 없는데."

순간 나는 뒤통수를 한 방 맞은 기분이었다. 얼마나 명쾌하고 심플한 대답인가! 없는 게 없는 대형마트에서, 그것도 정가보다 훨씬 싸게 파는 매장에서 필요한 게 없다고? 그런데 그 순간 나 역시 딱히 사야 할 물건이 없다는 사실을 깨달았다. 단지 점심 한 끼 정도의 돈으로 꽤 많은 물건을 살 수 있는 절호의 기회 앞에서 몸이 저절로 반응했던 것이다.

나는 카트를 뒷사람에게 건네주고 친구와 함께 마트를 빠져나왔다. 다시 북카페를 향해 걸으면서 우리는 현대인들의 '소유 중독'에 대해 이야기를 나누었다.

친구가 말했다.

"내가 하루에 얼마나 많은 광고를 접하는지 한번 세어 본 적이 있어."

내가 물었다.

"몇 개나 되는데?"

친구는 대략 1,000개 정도 된다고 대답했다.

"정말 많구나."

하지만 북카페에 도착해서 검색해 보니 그보다 훨씬 더 많았다. 실제로 우리에게 노출되는 광고가 하루에 3,000개에서 많게는 1만 개에 달한다는 조사 결과도 있었다. 이쯤 되면 아예 눈과 귀를 모두 닫고 살지 않는 한, 그 누구도 이 광범위한 광고의 그물망에서 자유로울 수 없다는 얘기다.

우리가 사는 세상은 점점 거대한 쇼핑몰이 되어 가고 있다. 온라인, 오프라인 할 것 없이 시시각각 우리에게 유혹의 손길을 뻗으며 눈앞에 보이는 것들을 사지 않으면 안 될 것처럼 믿게 만들지 않는가? 심지어 요즘 광고들은 내게 필요 없는 것마저 절실하게 필요한 것으로 둔갑시킬 만큼 고도의 심리전을 펼친다. 그리하여 우리는 없던 욕망마저 다시 만들어 내면서 집 안 구석구석을, 그리고 삶의 구석구석을 점점 더 채워 간다. 그러다 문득 '사는 게 왜 이렇게 힘들지?' 하고 잠시 멈춰 보면, 그제야 숨 쉴 틈 없이 채우기만 해 왔다는 사실을 깨닫게 된다.

수많은 물건, 그리고 그 물건을 갖기 위해 어쩔 수 없이 지불해야 했던 돈과 시간, 그것들을 유지하기 위해 맺었던 사회적 관계, 그로 인한 걱정과 불안들이 쌓이고 쌓여 이미 질식 상태에 이르지 않았나? 이때쯤 되었을 때 우리는 구원 받고 싶은 심정으로 이렇게 외친다.

"나도 심플하게 살고 싶어!"

●● 심플해지면 누릴 게 많아진다

심플한 삶이란 비우고 덜어 내는 삶이다. 생각보다 쉽진 않다. 집안 곳곳에 잔뜩 쌓인 것들, '딱히 필요 없거나', '놔두면 언젠가 쓸 데가 있을지도 모를' 물건들을 과감히 치우는 일부터 시도해 보라. 물론 잘 안 될 것이다. 그래도 정말 심플하게 살고 싶다면, 삶의 모든 분야에 걸쳐 제대로 비워 보겠다고 마음먹어야 한다.

심플하게 산다는 건 과도한 욕망을 비워 내고, 의무와 기대와 불필요한 관계들을 덜어 내는 것이다. 그것은 우리 삶에 차고 넘치던 무언가를 걷어 내고 본래의 여백을 되찾는다는 뜻이며, 결국 '나의 근본'으로 돌아간다는 의미다.

예전엔 어땠을까? 이제는 기억조차 흐려진 예전의 삶과

생활방식을 떠올려 보자. 행복하기 위해서 이렇게 많은 돈이 필요하지 않았던 시절, 쇼핑몰에서 기쁨을 찾지 않았던 시절, 원하는 것을 얻기 위해 수많은 사람과 경쟁하지 않아도 되었던 시절을 말이다. 우리는 원래 그렇게 살아도 되는 존재였다. 그리고 잘 찾아보면 여전히 흔들림 없이 그렇게 살아가는 사람들이 있다. 심플하게 사는 사람들 말이다.

심플한 삶을 사는 사람들은 일상의 매 순간마다 좀 더 검소하고 단순한 상태를 지향한다. 그들은 설거지하고, 쓰레기를 내다 버리고, 무엇을 입고 먹고 버릴지, 무엇을 절약하고, 다시 사용할지를 선택하는 모든 행동의 중심에 언제나 '심플하게'라는 화두를 세워 두고 산다.

심플 라이프를 추구하는 내 친구 하나는 산책할 때마다 길가에 흩어진 낙엽을 한데 모아 어린나무의 뿌리에 덮어 주곤 한다. 그녀는 낡고 오래된 티셔츠를 잘라서 찢어진 가방에 덧대거나 일회용 종이 쇼핑백도 버리지 않고 나중을 위해 차곡차곡 접어 둔다. 가만히 지켜보고 있으면, 온종일 부지런하게 뭔가를 하는 것 같다.

"심플하게 살고 싶다면서 왜 그렇게 바빠?"

내 물음에 대한 그녀의 대답은 이러했다.

"삶이 단순해지면 누릴 게 많아지거든."

종일 몸을 움직이면서도 친구는 일을 하는 게 아니라 삶을 누리는 거란다. 길을 걷고, 쓰레기를 줍고, 아이들의 눈을 들여다보고, 책을 읽고, 뭔가를 쓰고, 나무에 물을 주고… 정말 많은 것을 누린다. '소유하기' 대신 그저 '존재하기'를 선택하는 순간, 세상은 온통 누릴 것들로 가득해진다.

　삶에 아무런 문제가 없는 시기에는 대부분 심플하게 사는 것에 대해 큰 관심이 없을 수도 있다. 그래서 풍족하게 살건 단순하게 살건 개개인의 취향일 뿐이라고 생각하기 쉽다. 하지만 어쩌다 예기치 않은 역경이 닥쳤을 때가 문제다. 그땐 심플해지는 것이 곧 생존 차원의 일이 된다.

　사실 평소에도 우리는 수많은 관계, 소유물, 모든 약속과 의무에 둘러싸여 야금야금 에너지를 빼앗기며 살아간다. 확인하고 처리해야 할 이메일, 정리해야 할 서류들, 수첩에 적힌 일정들 하나하나가 내면의 배터리를 소모시킨다. 평범한 하루에도 그렇게 많은 에너지를 쏟아붓고 있다면, 갑자기 닥친 위기 앞에서 우리는 어떻게 버틸 수 있을까? 홍수로 집이 잠기거나 은행 대출 담당자가 현관문을 두드리거나 의사가 엑스레이 사진을 보여 주며 심각한 표정을 지을 때, 바로 그때 써야 할 비상 에너지는 어디서 얻을 것인가?

　어디에도 없다. 조금이나마 남아 있던 에너지도 시련에

따른 충격과 스트레스 때문에 다 빠져나간 상태다. 할 수 있는 일이라곤 바람 빠진 풍선처럼 주저앉아 망연자실한 한숨을 내쉬는 것뿐이다. 그때까지 소유하고 있던 것들, 부와 명예와 건강이 한꺼번에 빠져나가는 모습을 속수무책으로 지켜보는 동안 우리는 앞서 이야기했던 것들을 하나씩 경험하게 된다.

눈물과 함께 고단한 감정들을 쏟아 내고, 자신의 낡은 습관을 인식하고, 익숙했던 삶의 요소들을 떠나보내고, 꽉 쥐고 있던 것들을 놓아주는 것이다. 이런 과정을 거치면서 우리는 온몸이, 머리와 가슴이 이완되는 것을 느낀다. 바로 그 순간, 시련의 속삭임이 희미하게 들려온다.

'인생의 다음 페이지를 희망으로 채우고 싶은가? 그렇다면 이제 심플해지는 법을 배워 보는 게 어때?'

그 속삭임에 귀 기울일 때, 우리는 비로소 진정한 회복과 성장의 기회를 만나게 된다. 고난의 시기를 관통하는 동안 우리는 삶에서 진정 중요한 게 무엇인지 더욱 깊이 깨닫는다. 사실 그런 깨달음을 주기 위해 시련이 찾아온 것이다. 우리 스스로 중요하다고 믿어 온 모든 소유물과 소모적인 노력들에 집착하는 것이 과연 가치 있는 일일까? 이런 질문을 스스로에게 던지면서부터 당신 내면에서는 이전보다 훨씬 맑고 깨끗한 에너지가 한 방울씩 솟아난다.

인생은 한정된 자원으로 그려 나가는 예술 작품과도 같다. 우리는 이제 정말 신중하게 선택해야 한다. 끝없이 늘어나는 소유물을 정리하고 관리하는 데 귀중한 시간과 에너지를 쏟을 것인가? 아니면 강가에서 낚싯대를 드리우며 물소리에 귀 기울이고, 사랑하는 사람들의 웃음소리를 더 깊이 새기고, 나무 그늘 아래에서 바람의 속삭임을 들으며, 지평선 너머로 사라지는 석양을 온전히 감상할 것인가?

● 채우는 삶에서 여백을 만드는 삶으로

그렇다고 심플하게 살기 위해서 반드시 고난을 겪어야 한다는 말은 아니다. 고난과 시련은 일종의 극약 처방일 뿐이다. 분주한 일상 속에서도 잠시 짬을 내어 현재의 삶을 진지하게 성찰할 수만 있다면, 우리도 얼마든지 자유롭고 여유로운 심플 라이프로 진입할 수 있다. 그러기 위해서는 우선 단순하고 소박한 삶으로 가는 길을 가로막는 가장 커다란 장애물이 무엇인지부터 파악해 볼 필요가 있다.

제일 먼저 눈에 들어오는 건 뭐니 뭐니 해도 물건들이다.

대부분의 현대인은 정도의 차이가 있을 뿐 하나같이 소유에 중독되어 있다. 솔직히 우리가 물건들을 소유하는 것이 아니라 물건들이 우리를 소유하고 있다고 해도 과언이 아니다.

나도 한때는 방 안에 온갖 것들을 쌓아 두고 살았던 적이 있다. 사방 벽으로 수많은 책과 노트, 액자, 음반, 가구가 성벽처럼 에워싸고 있었다. 하나하나 정성껏 사 모은 것들이고, 대부분 세련된 디자인이라 나름 운치도 있었다.

하루는 인도 여행에서 돌아온 친구가 나를 찾아왔다. 나는 짐짓 자랑스럽게 친구에게 내 방을 보여 주었다. 친구는 고개를 끄덕이며 방을 둘러보더니 혼잣말처럼 중얼거렸다.

"가장 귀한 게 안 보이네."

나는 친구의 말이 이해되지 않아 물었다.

"가장 귀한 거라니? 그게 뭔데?"

친구는 인도의 곳곳을 순례하고 돌아온 사람답게 이렇게 말했다.

"여백."

나는 고개를 갸우뚱했다.

"여백이라고?"

친구의 설명이 이어졌다.

"여백이 없잖아. 그래서 방이 숨을 못 쉬고 있어."

친구는 여백이야말로 에너지가 흐르는 통로라고 했다. 그녀가 말하는 에너지란, 이를 테면 생명의 기운 같은 것이었다. 그런데 집 안 구석구석, 사방 벽 어디에도 빈 곳이 없어서 그런 에너지가 통 안 느껴진다는 것이다.

내가 집 안의 물건들을 하나씩 덜어 내기 시작한 것은 그때부터였다. 정말이지 매일 하나씩 버리고 나눠 주고 덜어 내고 비워 냈던 것 같다.

비워 내고 여백을 만들어 낸다는 것은 아름답고도 중요한 일이다. 갖고 있던 것들, 쥐고 있던 것들을 비워 내면서 동시에 욕심도 버리게 된다. 그리고 결국은 더 큰 것을 얻는다. 나의 시간과 감정, 에너지를 갉아먹던 것들을 덜어 내고 나면, 보이지 않는 삶의 에너지가 들어차게 된다.

그럼에도 막상 비우고 덜어 내는 삶을 실천하기란 결코 쉽지 않다. 무엇보다 우리 주변을 밀착 포위하고 있는 편의와 풍요의 유혹이 가장 큰 장애물이다. 물건을 사기 위해 직접 문을 열고 나가서 차를 타고 매장까지 가야만 했던 시절은 그나마 나은 편이다. 요즘처럼 소파에 누워 손가락 하나만 사용하면 즉시 물건이 배송되는 시대에 욕구를 참아 내기란 여간 어려운 게 아니다.

소비는 언제나 미덕이고 욕망은 자연스러운 것이라는 자

본주의 신화도 밤낮으로 우리를 충동질해 댄다. 그 결과 신용카드 빚은 쌓여 가고, 우리가 배출한 쓰레기 탓에 태평양 한가운데에는 이미 대륙 크기의 쓰레기 섬이 생기지 않았는가? 우리는 뭔가 단단히 속고 살아왔던 게 분명하다.

이런 환경에서 나 스스로 심플한 삶을, 덜어 내고 비워 내어 여백을 창조하는 그런 삶을 실천하려면, 의식적으로 시간과 노력을 들일 수밖에 없다. 무엇을 간직하고 무엇을 버릴 것인지 매 순간 숙고하고 결정하고 선택하고 행동해야 한다. 여백이 주는 평온을 얻기 위해 우리는 계속해서 각 단계들을 의식적으로 밟아 나가야 한다. 이 말은 곧 당신이 원한다고 해서 내일 당장 삶이 소박하고 단순해지는 것이 아니라는 뜻이기도 하다. 그래서 나는 일을 하고 길을 걷고 차를 마시다가도 문득문득 나 자신에게 이렇게 묻곤 한다.

'일상 깊숙이 파고들어 와 정신을 쏙 빼 가는 온갖 잡다한 뉴스와 광고들로부터 의식적으로 눈을 돌릴 자신이 있는가?'

'시시각각 인터넷에 뜨는 헤드라인들을 확인하느라 시간을 허비하는 악습을 과감히 끊어 낼 수 있는가?'

'집 안을 차지하고 있는 온갖 종류의 가구와 물건들을 과연 처리할 수 있는가?'

'정말로 여백을 위해 가진 것들을 비워 낼 수 있는가?'

●● 소유의 성벽을 허물자 찾아온 행복

잡지사 기자인 테드는 책 수집광으로도 유명했다. 그가 로스앤젤레스의 어느 아름다운 아파트로 이사한 것은 20여 년 전의 일이다. 그는 유난히 책을 사랑해서 이사하자마자 베테랑 목수를 고용해 서가부터 꾸미기 시작했다. 거실의 넓은 한쪽 벽면 전체를 바닥에서 천장까지 온통 책으로 장식하는 대공사였다.

시간이 흐르면서 거실 벽에 책이 한 권, 두 권 늘어 가고, 나중엔 엄청난 양의 책들로 가득 채워졌다. 그런데도 테드는 뭔가 허전한 듯 카메라에서부터 인터뷰 영상이 담긴 비디오테이프와 오디오테이프, 온갖 서류들을 보관할 수납장을 계속 들여놓았다.

이따금 그는 친구들에게 "거실이 좀 산만해진 것 같아"라고 말하곤 했다. 그러더니 나중에는 우스갯소리로 자기 거실 카펫이 어떤 색깔인지도 기억나지 않는다고 했다. 바닥에 온갖 신문과 잡지, 서류 따위가 산더미처럼 쌓여 있었던 것이다.

그러다가 작년 여름 어느 날, 테드의 건강에 적신호가 켜졌다. 밤늦게 콘서트를 관람하고 걸어서 귀가하던 중 갑자기 호흡이 힘들어져 길바닥에 쓰러지고 만 것이다. 다행히 그 앞을 지나던 행인들이 달려와 인공호흡을 하고 구급차를 불러서 큰 위기를 넘길 수 있었다. 병원에서 그는 혈압과 콜레스테롤 수치가 위험할 정도로 높은 상태라는 사실을 알았다. 혈당도 당뇨병으로 진행되기 직전 상태였으며, 심장병 발병 확률도 상당히 높게 나왔다.

소식을 듣고 테드의 절친인 말라가 허겁지겁 달려왔다. 그는 진심으로 테드의 건강을 걱정하며 언제 또 쓰러질지 알 수 없으니 당분간 자기 집에서 함께 지내자고 제안했다.

"마침 안 쓰는 방이 하나 있으니까 언제든 들어와."

테드 역시 아무래도 혼자 지내면 건강이 더 나빠질 수 있을 것 같아 말라의 제안을 수락했다.

며칠 뒤 테드는 이삿짐 박스를 거실로 가져와 물건들을 하나하나 담기 시작했다. 박스 하나를 다 채우고, 다시 또 빈 박스를 가져와 담고, 또 담고… 그렇게 아침부터 저녁까지 꼬박 하루가 걸렸지만, 거실은 하나도 변한 것 같지 않았다. 책장 어디에도 여백이 보이지 않았다.

'책이 이렇게 많았나?'

테드는 거실 한가운데 멍하니 서서 생각에 잠겼다.

다음 날, 또 그다음 날까지 책을 싸는 데에만 꼬박 사흘이 걸렸다. 테드는 그 많은 책 중에서 다 읽은 책들만 따로 모아 도서관에 기증하기로 했다. 하지만 읽은 책보다 읽지 않은 책이 압도적으로 많았다. 대부분 '책장에 꽂아 두면 언젠가는 읽을 날이 오겠지' 하며 사 모은 책이었다. 게다가 새로 개정판이 출간되어 버린 책들도 있었다.

책들을 보며 테드는 이런 생각을 했다고 한다.

'그날 내가 심장마비로 죽었더라면 이 책들을 영영 읽지 못했겠지?'

책뿐만 아니라 온갖 종류의 비디오테이프, 오디오테이프, DVD, 카메라 렌즈, 촬영에 필요한 각종 장비까지, 아무리 정리하고 정리해도 끝이 없었다. 개중엔 필요하지 않은 것, 한 번도 사용한 적 없는 물건들도 수두룩했다. 그제야 테드는 현실을 자각했다. 그날 오후, 테드가 내게 SOS를 요청해 왔다.

"대프니, 나 좀 도와줘! 질식할 것 같아!"

나는 택시를 잡아타고 테드에게 달려갔다. 그의 거실은 마치 쓸모없는 물건들의 무덤처럼 보였다. 그는 내게 이 '무의미한 물건의 감옥'에서 꺼내 달라고 소리쳤다.

테드와 나는 책이 담긴 박스들부터 길가에 내놓았다. 누구든지 필요하면 가져가라고 팻말까지 써 붙였다. 박스 몇 개는 중고서점에, 또 몇 개는 인터넷 시장에 내놓았다. 책들을 처분하는 데만도 엄청난 시간과 노력이 소비되었다.

그렇게 한 달여쯤 지나자 테드를 포위하고 있던 소유물들이 전에 비해 10분의 1도 안 되는 분량으로 줄었다. 이제 테드에게 남은 건 기자에게 꼭 필요한 장비들뿐이었다. 테드가 밖에서 남은 박스들을 트럭에 싣는 동안 나는 거실에 남은 짐들을 말끔히 치웠다. 집 앞에서 마지막 박스를 트럭에 실어 보낸 뒤, 나는 테드에게 눈을 감으라고 했다.

"눈은 왜?"

"감으라면 감아."

나는 테드의 눈을 가린 채 거실로 데려갔다. 그리고 거실 한복판에 그를 세운 뒤 눈을 떠 보라고 했다. 테드가 눈을 떴다. 그는 입을 쩍 벌리며 탄성을 내질렀다.

"우와, 우리 집 거실이 이렇게나 아름다웠다니!"

모든 소유물이 다 빠져나간 그의 거실은 마치 명상가의 공간처럼 훤하고 고요했다. 잠시 후 테드가 내게 말했다.

"벽지 색깔이 정말 예쁘네. 이제 바닥 무늬도 보여. 참 아이러니하지? 20년 동안 물건들을 사 모을 땐 통 몰랐는데, 그것들을 다 없애고 났더니 이제야 내가 뭘 원했는지 알게 됐어."

"뭘 원했는데?"

"평온함. 맞아, 평온함을 느끼고 싶었어."

기념이라도 하듯이 테드와 나는 거실 바닥에 나란히 가부좌를 틀고 앉았다. 그리고 잠시나마 함께 그 아름다운 여백이 주는 평온함을 한껏 음미했다.

그러고 보면 테드는 그토록 원하던 평온한 여백을 무려 20년 동안 자신의 소유물들로 가려 놓고 살았던 셈이다. 물건들을 하나하나 사들일 때마다 충족감을 느꼈지만, 사실 그것은 눈속임, 혹은 가짜 만족에 지나지 않았던 것이다.

어쩌면 갑작스러운 호흡 곤란과 건강 이상 신호 역시 테드에게 그 사실을 일깨워 주기 위한 경고음이 아니었을까? 수년간 사들인 물건들로 거대한 성벽을 쌓아 가는 그 못 말리는 악습에 경종을 울린 게 아니었을까? 그리하여 마침내 테드 스스로 그 성벽을 허물라는 뜻이 아니었을까?

이제 당신 차례다. 혹시 당신도 테드처럼 주변에 무언가를 잔뜩 쌓아 두고 있진 않은지 둘러보라. 그것은 물건들일 수도 있고, 보이지 않는 온갖 근심과 쓸데없는 걱정일 수도 있다. 그게 무엇이건 벽돌을 빼내듯이 하나하나 덜어 내 보자. 오랫동안 잊고 살았던 당신만의 여백이 살짝 보일 때까지.

●● 다 버리고 딱 하나만 남긴다면?

나에겐 애팔래치아 산맥 어딘가에 오래된 주말 별장을 가진 친구가 있다. 어느 날 그 친구에게 전화가 왔다.

"대프니, 혹시 시간 되면 와서 나 좀 도와줄래?"

얘기인즉, 별장을 새로 꾸미고 싶은데 아무래도 내 도움이 필요하다는 것이다. 저번에 테드의 거실을 함께 정리해 줬다는 걸 누구한테 들은 모양이다. 어쩔 수 없이 나는 일할 것들을 가방에 챙겨 애팔래치아로 향했다.

친구의 별장에 도착해서 몇 주 동안 함께 지내며 낡은 벽지를 뜯어내고 깔끔하게 도배도 하면서 거의 리모델링하다시피 집을 새로 꾸몄다. 온종일 일한 뒤에 바깥에 내놓은 흔들의자에 앉아 저녁노을을 바라보는 시간이 여간 행복한 게 아니었다. 윈도우 바탕화면보다 훨씬 아름다운 자연 풍경, 푸근하게 나를 품어 주는 별장의 고풍스러운 분위기, 게다가 길에서 마주친 주민들의 다소 투박하지만 꾸밈없는 미소까지, 어느 것 하나 만족스럽지 않은 게 없었다. 그때 문득 사진작가인 내 친구 빌리가 떠올랐다.

"그래, 빌리가 여기 오면 정말 좋아할 거야!"

경치도 그렇고 마을 분위기며 날씨며 정말이지 빌리가 딱 좋아할 만한 곳이었다. 나는 즉시 빌리에게 전화를 걸었고, 그는 사흘 뒤에 장비 일체를 들고 별장으로 달려왔다. 전형적인 도시 남자인 그는 애팔래치아의 자연과 지역 주민들의 소박한 일상 풍경에 반해 흠뻑 빠져들었다. 이른 아침부터 땅거미가 내릴 때까지 그는 카메라를 들고 사방을 누비고 다녔다. 덕분에 나는 사진작가가 피사체를 카메라에 담아 내는 전 과정을 마음껏 구경할 수 있었다.

그렇게 빌리와 함께 천천히 언덕길을 걷고 있자니 한 소녀의 작고 귀여운 모습이 눈에 들어왔다. 소녀는 헝클어진 머리카락에 해질 대로 해진 파란색 꽃무늬 치마를 입고서 허름한 판잣집 앞 부서진 계단에 앉아 있었다. 빌리가 소녀에게 미소를 지어 보였다.

"안녕, 난 빌리야. 넌 이름이 뭐니?"

"난 에이미예요. 안녕하세요?"

"에이미, 사진 좀 찍어도 괜찮겠니?"

에이미는 해맑게 웃으며 고개를 끄덕였다.

나는 몇 걸음 떨어져서 빌리와 소녀를 바라보았다. 그가 다양한 각도에서 셔터를 누를 때마다 에이미는 재미있다는 듯 킥킥 웃었다. 나도 따라 웃었다. 한참 사진을 찍던 빌리가 에이미 옆에 앉아 이야기를 나누기 시작했다. 그러다 불쑥 이렇게 물었다.

"에이미, 여기서만 지내는 거 싫지 않니? 저기 도시에 나가서 예쁜 인형 같은 것도 사고 싶을 텐데, 안 그래?"

나는 고개를 절레절레 흔들었다. 하여튼 도시 남자들이란.

그때 에이미가 또랑또랑한 눈으로 빌리를 보며 말했다.

"난 여기가 좋아요."

"여긴 가난한 동네잖아. 가난한 거 싫지 않니?"

에이미는 그런 이상한 질문이 어디 있냐는 듯한 표정으로 "난 가난하지 않은데요?"라고 대답했다. 그러고는 호주머니에서 뭔가를 꺼내어 빌리에게 보여 주었다. 하얀 토끼 발 키링이었다.

"나한텐 토끼 발도 있는걸요. 우리 아빠가 시내에 나갔다가 사다 주신 행운의 부적이에요. 이것만 있으면 끄떡없어요."

빌리는 멍한 표정으로 에이미와 토끼 발만 번갈아 보았다.

이번엔 내가 에이미에게 말했다.

"에이미, 아빠가 정말 멋진 분이시구나."

"아빠요? 그럼요! 세상에서 제일 사랑하는 친구예요!"

그때부터 에이미는 아빠 이야기를 죽 늘어놓기 시작했다. 엄마 몰래 지붕에 올라가 아빠 품에 안겨 애팔래치아 밤하늘에 뜬 별자리를 바라보던 이야기, 장마 때 아빠와 함께 비에 젖은 고양이 가족을 구해 준 이야기, 엄마 생일 때 아빠와 함께 들꽃을 꺾어 근사한 꽃바구니를 만들던 이야기….

나는 신나게 재잘대는 에이미를 물끄러미 바라보며 생각했다. 시간이 흘러 에이미도 성인이 되면 이 세상에 토끼 발보다는 조금 더 많은 것이 필요하다는 사실을 알게 될 날이 오겠지? 그리고 어쩌면 그 많은 것을 모두 갖게 될 수도 있겠지? 또 좀 더 시간이 흘러 내 나이쯤 되면 알게 되지 않을까? 자신이 소유한 그 많은 것을 다 버리고 나면 마지막으로 무엇이 남게 될지? 그것은 아마 지금 신나게 재잘대는 아빠 이야기, 아빠와 함께 보낸 시간이 아닐까? 모두 다 버리고 딱 하나만 남았을 때, 그것만큼은 인생에서 꼭 남겨 둬야 할 가장 소중한 보석이라는 걸 깨닫게 되겠지? 저 작고 하얀 토끼 발과 함께.

그날 빌리와 나는 에이미와 한나절을 보내고 이틀 뒤에 다시 각자의 일상으로 돌아갔다. 좀 더 시간이 흘러 빌리의 작품이 발표되던 날, 나는 전시회장 한쪽 벽에 걸린 작고 아담한 액자 앞에서 한참을 머물렀다. 액자 안에는 낡고 부서진 계단에 앉아 활짝 웃고 있는 에이미의 얼굴이 있었다. 액자 밑에 작은 글씨로 '내 영혼에 가르침을 준 첫 번째 선생님'이라고 적혀 있었다.

삶의 해답이 찾아오는 순간

관심만 갖는다면 심플한 삶을 실천할 방법은 얼마든지 찾을 수 있다. 삶이 단순해지는 순간부터 이전엔 접하지 못했던 많은 경험과 깨달음의 기회가 몰려올 것이다. 자, 그럼 다음 질문을 조용히 음미해 보자.

- 현재 삶에서 없어도 되는 물건은 무엇무엇인가? 열 가지만 적어 보자. 그렇게 매주 또는 한 달에 한 번씩 열 가지 물건을 나의 삶에서 떠나보내자.

- 심플한 삶을 위해 당장 오늘부터 의식적으로 어떤 일들을 할 수 있는가?

- 삶에서 불필요한 것들을 하나하나 덜어 내고 나면 당신에게 무엇이 돌아오는가? 실질적인 이익, 감정적인 보상, 영적인 차원의 보상 등을 생각해 보자.

- 덜어 내고 비워 내는 동안, 이미 가진 것들에 시간과 에너지를 예전보다 덜 쓴다는 느낌이 드는가? 실제로 돈

이 절약되는가? 아니면 덜 산만하고 덜 혼란스러우며 더 쾌적한 환경에서 살 수 있게 되었는가? 혹은 안정감과 여유, 타인과 무언가를 공유하는 기쁨, 환경에 대한 책임감을 갖고 실천한다는 자부심을 느끼게 되었는가?

• 심플한 삶을 실천하고 난 후 지금 처한 역경이나 다른 중요한 문제에 쏟을 수 있는 자원(생각, 에너지, 돈 등)을 더 많이 갖게 되었는가? 삶이 좀 더 평온해졌는가?

9

사랑이 넘치는 곳으로 가라

> "힘든 시기일수록 기댈 곳은 사랑뿐이다."
> _린다 로리

"도대체 왜 이렇게 힘든 일이 끝없이 반복되는 걸까요?"

삶에 지친 사람들과 이야기를 나누다 보면, 늘 나오는 말이다. 그때마다 나는 이렇게 되묻곤 한다.

"그런 일들이 왜 일어나는지 정말 궁금하지 않나요?"

우리에게 고난이 닥치는 데에는 언제나 이유가 있다. 때로는 집착을 내려놓으라는 신호가, 때로는 떠나보내라는 혹은 받아들이고 끌어안으라는 가르침이 고난 속에 담겨 있다는 의미다. 그런데 그 모든 메시지가 궁극적으로 가리키는 것은 무엇일까? 그것은 우리가 흩어진 개인이 아니라 보이지 않는 끈으로 연결된 하나의 존재임을 깨닫게 하는 것이다.

삶이 결코 쉬운 여정이 아니라는 사실을 알게 되는 순간, 우리는 모두가 하나로 연결되어 있다는 사실을 깨닫게 된다. 나 혼자만이 가혹한 삶의 주인공은 아니며, 나 혼자만이 이런 고통을 겪고 있는 것도 아니다. 시련의 한가운데에서 당신은 전혀 몰랐던 또 다른 자신을 만나게 된다.

어릴 때 삼촌이 나를 무릎에 앉혀 놓고 늘 하던 이야기가 있다.

"대프니, 인간이란 참 딱한 존재란다."

그땐 삼촌이 하는 이야기를 다 알아듣진 못했지만, 지금은 조금 이해할 수 있다. 삼촌은 인간이란 언제나 자기만을 생각하고, 다투고 경쟁하는 존재라고 했다. 그러다가 어떤 충격이나 고통스러운 계기가 있어야만 그제야 자기만을 향했던 시선을 주변으로 돌린다는 것이다.

"그때부터 사랑이란 게 시작되는 거야, 대프니."

삼촌이 말하는 사랑이란 부모와 자식의 사랑, 연인 간의 사랑, 친구와의 사랑을 포함하면서도 훨씬 더 큰 개념이었다. 그것은 이를 테면 삶에서 겪는 온갖 두려움과 고통, 증오, 갈등과는 정반대에 있는 평온한 연결감 같은 것이다.

우리는 대부분 그냥 내버려 두면 늘 자기중심적이고 탐욕스러우며 이기적인 상태에 머무르기 십상이다. 그러다가 삶을 뒤흔드는 시련을 겪고 나면 그제야 모두가 하나라는 사실을 섬광처럼 깨닫는다. 시련과 역경은 늘 그런 식으로 우리의 영혼을 일깨운다. 견디기 힘든 고난과 지독한 아픔을 겪은 뒤에야 우리는 새로운 현실에 눈을 뜬다.

그 순간 보이지 않던 것들이 눈에 들어오는 것이다. 출근길 벤치에 넋을 잃고 앉아 한숨짓는 사람이 눈에 들어오고, 슈퍼마켓 식료품 코너에서 지갑을 만지작거리며 갈등하는 사람이 보인다.

생각해 보라. 나뿐만이 아니라 세상 사람 모두가 크고 작은 일상의 고민을 끌어안고 살아간다는 사실에 안도한 적은 없는가? 은행 대출 창구 앞에 서서 어두운 낯빛으로 차례를 기다리는 사람을 보고 있노라면 누구나 각자 인생의 무거운 짐을 짊어지고 살아간다는 사실에 뜻밖의 위안을 얻는다. 물론 그들의 고통이 당신의 고통과 같진 않을 것이다. 시련의 종류는 사람 수만큼 많을 테니까. 단, 그들이 느끼는 고통과 당신이 느끼는 고통에는 차별이 없다. 누구나 아프다.

심장이 조여드는 괴로움을 겪는 사람은 길가에 깡통을 앞에 두고 앉아 구걸하는 이의 모습이 유독 눈에 들어온다. 그리고 호주머니에서 동전을 꺼내 생전 하지 않던 적선을 하기도 한다. 누구나 저마다의 고단한 삶을 견디고 있다는 사실에 묘한 동질감과 연결감을 느끼는 것이다. 잘나가던 시절엔 그런 사람들이 눈에 들어오지 않는다. 아픔이 눈을 뜨게 한 것이다.

취업 면접에서 쉰네 번째 탈락한 구직자가 지하철 벤치에서 망연자실하고 있을 때, 그를 위로해 주는 사람은 쉰다섯 번 탈락한 사람일 수 있다. 상처를 가진 사람은 같은 상처를 알아보는 법이니까. 낯선 사람이지만 그가 내민 자판기 커피 한 잔이 두 사람을 하나로 이어 준다. 다음 열차가 올 때까지 몇 마디를 주고받을 수도 있다. 그런 다음 각자의 삶으로 다시 돌아가겠지만, 그 순간만큼은 서로가 안다. '아, 나는 혼자가 아니구나'라는 사실을. 우리는 모두 연결되어 있다. 불교의 인드라망 개념이 어렵다면, 그저 세상 모든 것이 보이지 않는 힘으로 연결되어 있다는 사실만 기억해 두자.

곰팡이가 가득한 싸구려 셋집에서 살다가 건강이 나빠지면, 누군가 변기에 흘려보낸 항생제가 강을 따라 흘러가 다른 누군가에게 해로운 영향을 끼칠 수도 있다는 사실을 새삼 생각해 보게 된다. 공장 굴뚝에서 뿜어낸 유해 물질이 인근 지역 주민들을 위협한다는 사실, 애리조나에서 사용한 스프레이로 인해 오존층 구멍이 더 커지고, 남극대륙이 녹아 내리며 그 여파로 호주에서 피부암 발생률이 증가한다는 기사에도 눈길이 머물게 된다. 모든 것이 연결되어 있다. 보이지 않는 그 무수한 끈이 우리에게, 그리고 당신에게도 연결되어 있다.

당신이 원망과 증오의 에너지를 뿜어내면 그 에너지가 무수한 연결 고리를 따라 세상으로 퍼져 나갈 것이고, 사랑의 에너지를 보내면 또 그렇게 퍼져 나갈 것이다. 어쩌다 고난에 직면하게 되면 누군가의 도움이 필요하다는 갈망이 세상으로 퍼져 나갈 것이고, 그 절박한 에너지에 이끌려 상상도 못 했던 도움의 손길이 되돌아올 수도 있다.

당신은 그런 경험을 해 본 적이 있는가? 사방이 꽉 막혔다고 생각했는데 어디선가 숨 쉴 틈이 열리는 것 같은 느낌, 생각지도 못한 사람에게서 위안과 도움을 얻은 것 같은 느낌 말이다. 그럼 우리는 좀 더 용기를 내어 자신의 괴로운 속내를 스스럼없이 드러낼 수 있다. 타인이 건네는 위로와 담요를 감사히 받아들인다.

그리고 그런 시기를 지나면서 깨닫는다. 누군가에게 손을 뻗어 도움을 청할수록 외로움도 줄어든다는 사실을. 아니 오히려 혼란과 괴로움의 시간 속에서 우리는 더욱더 누군가의 사랑을 받고 있음을 느끼게 된다. 놀랍고도 아름다운 사실을 말하자면, 자신에게 더 많은 사랑이 필요할수록 먼저 타인에게 사랑을 주어야 한다는 것이다.

'사랑하는 법을 배울 것, 그리고 언제나 더 많이 사랑할 것.'

결국 시련이 우리에게 주는 교훈은 이것이다. 내 욕망에만 집착하던 삶에서 벗어나 이제 주변 사람들과 무엇을 나눌 수 있는지를 생각해 보자는 뜻이다.

● 살면서 내가 본 가장 아름다운 풍경

나는 집 근처에 있는 해변 길을 즐겨 걷는다. 바다 쪽으로 나 있는 길을 쭉 걷다가 끝자락에서 거의 수직으로 된 급경사면을 만나게 된다. 거기서 모래사장으로 내려가려면 어쩔 수 없이 훌쩍 뛰어내려야만 한다.

지난주에 그 길을 따라 걷고 있을 때였다. 길 끝자락 급경사 지점에 웬 청년들이 우르르 모여 뭔가를 하고 있었다. 뭘 하는 걸까? 가까이 다가가서 보니 청년들이 한 줄로 죽 늘어서서 옆 사람에게 부지런히 돌을 건네고 있었다. 제법 큼지막한 돌들을 모랫바닥 위로 차곡차곡 쌓고, 또 다른 이들은 그 위에 다시 모래를 두껍게 덮은 다음 표면을 평평하게 고르는 중이었다. 청년 중에 아는 얼굴이 보여서 내가 먼저 손을 흔들며 물었다.

"피트, 거기서 다들 뭐 하는 거야?"

피트가 활짝 웃으며 대답했다.

"여기, 경사가 너무 가파르잖아요. 길 끝에서 모래사장까지 새로 완만한 경사길을 만드는 거예요."

하지만 내가 그걸 몰라서 물어본 게 아니었다. 한창 놀기 바쁜 이십 대 초중반의 동네 젊은이들이 왜 갑자기 이 해변에 우르르 몰려와서 시키지도 않은 힘든 일을 하고 있는지, 그게 궁금한 거였다. 그런 내 표정을 읽었는지 피트가 다시 대답했다.

"저 친구 할머니를 모셔 와야 하거든요."

그러면서 피트가 손가락으로 누군가를 가리켰다. 구슬땀을 흘리며 돌을 나르는 청년들 사이에 조의 얼굴이 보였다.

"안녕, 조!"

내가 손을 흔들자, 조가 씩 웃더니 수건으로 얼굴을 닦으며 다가오기에 물어봤다.

"할머니를 여기로 모셔 온다고?"

조가 내게 죽 설명하기 시작했다.

"네. 오늘이 우리 할머니 아흔세 번째 생일이거든요."

그의 할머니는 조와 친구들이 지독히도 말을 안 듣던 말썽꾸러기 시절에도 전혀 싫은 기색 없이 친손자처럼 아껴 줬다고 한다. 그랬던 할머니가 이제 며칠 뒤면 호스피스 시설로 들어가야 한다는 것이다. 조는 할머니에게 마지막 소원이 뭐냐고 물었다.

"바닷가에 한참 앉아서 저녁노을을 바라보고 싶구나."

조는 곧장 친구들에게 전화를 걸어 할머니 이야기를 들려주었다. 그러자 친구들은 한 명도 빠짐없이 연장을 들고 달려왔다. 개중에는 멀리 시내에서 직장을 다니거나 다른 도시로 이사 간 친구도 있었다.

나는 조와 친구들이 할머니를 위해 가파른 경사를 평평하게 만들 때까지 곁에서 가만히 바라보았다. 나도 일을 좀 거들까 했더니 그들은 한사코 말리며 '우리가 해야 할 일'이라고 했다. 마침내 공사가 모두 끝나자, 조와 피트가 언덕 위에 주차된 자동차로 달려갔다. 잠시 뒤, 휠체어에 앉아 있는 할머니를 바닷가로 모셔 왔다. 손자들이 다져 놓은 완만한 경사면으로 휠체어가 부드럽게 내려갔다. 조와 친구들은 마치 왕국의 왕비를 모시듯이 최고의 예우와 사랑으로 할머니를 에워쌌다.

할머니는 그들의 머리를 하나하나 쓰다듬으며 고맙다고,

사랑한다고 말했다. 마침 해가 수평선 위에 걸리더니 아름다운 석양빛이 그들 위로 천천히 내려앉았다. 바다처럼 확 트인 삶을 향해 나아갈 이십 대의 청년들과 이제 곧 삶을 정리해야 하는 아흔셋의 할머니가 한데 모여 하나의 커다란 그림자를 이루었다. 살면서 내가 본 가장 아름다운 풍경 중 하나였다.

🟢 나만의 벽난로를 만들자

가을에서 겨울로 접어들던 어느 날, 친구와 함께 마지막 가을 하이킹을 즐길 때였다. 나란히 산에서 내려오고 있는데 갑자기 날씨가 쌀쌀해지는가 싶더니 차가운 바람이 몰아치기 시작했다. 우리는 급변한 날씨에 조금 당황해서 걸음을 재촉했다.

점점 추워진다 싶을 즈음, 길게 이어진 에움길 끝자락에 허물어져 가는 폐가가 한 채 보였다. 산 아래 계곡이 한눈에 내려다보이는 지점이라 경치는 끝내줬지만, 아쉽게도 건물은 엉망이었다. 골조나 기둥으로 봐서는 한때 화려함을 뽐내던 저택이었을 텐데, 사람의 흔적이 끊어진 지금은 너무

쇠락하여 마치 자연의 일부처럼 느껴질 정도였다.

우리는 잠시 바람을 피할 겸 폐가 안으로 들어가 보기로 했다. 다 찌그러진 문을 열자 끼익, 소리가 계곡 아래로 울려 퍼졌다. 그런데 집은 온통 망가지고 부서졌지만, 놀랍게도 돌로 된 벽난로만은 그대로 남아 있었다. 벽난로와 연결된 기다란 굴뚝은 흡사 최후의 파수병처럼 나무가 우거진 계곡을 내려다보고 있었다. 우리는 그 벽난로 앞에 앉아 잠시 쉬어 가기로 했다. 불 꺼진 지 수십 년도 더 지난 벽난로라서 장작은커녕 잿더미조차 보이지 않았다.

"잘 찾아보면 어디 땔감 같은 게 있지 않을까?"

부지런한 친구는 폐가 곳곳을 기웃거리며 뭔가를 줍기 시작했다. 나도 밖으로 나가 나무 조각들을 잔뜩 주워서 벽난로 안에 쏟아 부었다. 친구가 솜씨 좋게 불을 붙이자 타닥, 소리를 내며 불길이 일더니 썰렁하던 폐가에 온기가 살아나기 시작했다. 우리는 벽난로 쪽으로 손바닥을 펴고 앉아 몸을 녹였다. 친구가 갑자기 생각난 듯 말했다.

"대프니, 그거 알아? 벽난로hearth와 가슴heart이 철자 하나 차이란 거 말이야."

"어, 정말?"

나는 새삼 놀랐다. 그러고 보니 벽난로는 집의 한가운데,

말하자면 가슴 부분을 차지하고 있지 않은가. 불꽃처럼 맥박이 뛰는 곳이자 집 안을 훈훈하게 데워 주는 곳, 그리고 집에서 가장 안락한 영역이면서 온 가족을 불러 모아 따뜻하게 감싸 주는 곳이 바로 벽난로인 것이다. 혹한의 계절, 바깥에 아무리 눈보라가 치더라도 집에만 들어오면 가장 먼저 달려가 편히 쉴 수 있고, 함께 둘러앉아 타닥타닥 타오르는 불꽃을 바라보며 영혼을 달래는 곳….

그때였다. 폐가의 찌그러진 문에서 끼익, 소리가 나더니 부부처럼 보이는 중년의 남녀가 들어섰다. 우리와 눈이 마주치자, 그들은 고개를 살짝 숙여 인사했다.

"굴뚝에 연기가 나는 걸 보고 들어왔습니다. 우리도 잠시 불 좀 쬘 수 있을까요?"

"그럼요, 물론이죠. 이리 오세요."

친구가 내 쪽으로 옮겨 앉으며 두 사람에게 자리를 마련해 주었다. 우리는 가볍게 통성명을 하고 잠시 날씨와 폐가에 대한 이야기를 나누었다. 그리고 20분쯤 지나서 또 문이 열리며 삼십 대쯤 돼 보이는 남자 셋이 들어왔다. 그들 역시 굴뚝 연기를 보고 온 것이었다. 우리는 그들에게 자리를 내주기 위해 좀 더 넓게 포물선을 그리며 앉았다.

젊은 남자 하나가 배낭에서 군것질할 것들을 꺼냈고, 중년 부부가 버너에 물을 담아 불에 올린 다음 차를 끓였다. 누가 시킨 것도 아닌데, 저마다 뭔가를 하고 있었다. 구태여 소리 내어 말은 하지 않아도 다들 마음이 통하는 느낌이었다. 우리는 그렇게 웃으며 산속에서 티타임을 가졌다.

나는 새삼 벽난로의 위대한 능력에 감탄했다. 한 시간 전만 해도 폐허였던 집인데, 벽난로에 불을 지피자마자 순식간에 일곱 명의 타인을 불러 앉히지 않는가? 어쩌면 삶이라는 거대한 집에도 벽난로 같은 공간, 혹은 벽난로 같은 존재가 꼭 필요하지 않을까, 하는 생각이 들었다.

그날 우리는 벽난로 앞에서 충분히 몸을 녹인 다음, 해가 떨어지기 전에 산을 내려왔다. 일곱 명은 마치 오래 함께한 일행인 양 서로 농담을 주고받으며 즐겁게 걸었던 것 같다. 그러고는 산 아래 주차장에서 뿔뿔이 차에 올라 손을 흔들며 각자의 일상으로 돌아갔다.

하이킹에서 돌아온 뒤에도 나는 내내 벽난로를 생각했다. 모든 것이 부서지고 무너진 폐가에서도 벽난로의 따스한 온기는 여전히 사람들을 불러 모아 저마다의 가슴에 무언가를 남겨 주지 않았던가. 서로 모르는 사람들이지만, 빙 둘러앉아 불을 쬐던 그 순간만큼은 왠지 모를 '연결감'으로 하나가 되어 있었던 것 같다. 저마다 각자의 삶에 분주하고, 각자의 아픔과 고단함에 지쳤을지언정 벽난로 앞에서 우리는 잠시나마 세상살이의 무거운 짐과 마음의 갑옷을 모두 벗어 놓고 도란도란 이야기를 나누며 온기를 나눌 수 있었다.

사람은 누구에게나 인생의 벽난로 같은 것이 필요하다. 어렵고 힘든 시기를 지나고 있는 사람은 물론이고, 그렇지 않은 사람에게도 언제든 둘러앉아 자신이 '혼자'가 아님을, 모두가 보이지 않는 끈으로 연결된 하나임을 느끼게 해 줄 수 있는 벽난로. 당신에겐 어떤 벽난로가 있는가? 없다면 하나쯤 만들어야 하지 않을까? 언제든 찾아가면 마음이 편안해지는 곳, 혼자가 아니라는 사실을 깨닫게 해 주는 곳이라면 어디든 당신만의 벽난로가 될 수 있다. 동네에 있는 아늑한 카페, 바닷가의 어느 특별한 장소, 혹은 이런저런 테마를 가진 모임도 괜찮겠다. 종교도 좋고 심지어 알코올중독자 모임도 좋다. 독서 모임, 요가 교실, 산책 동호회도 훌륭하다.

지독하게 힘든 시기를 지나는 사람일수록 혼자라는 생각에 스스로 침몰하곤 한다. 나 혼자 물에 빠져 허우적거리고 있는데, 수면 위로 보이는 사람들은 너무도 아무렇지 않게 일상을 사는 것처럼 보인다. 평소에는 지루할 만큼 평범해 보이던 일상도 시련의 한가운데에서 바라보면 간절하기 짝이 없다. 나 혼자 그들에게서 떨어져 나와 망망대해로 둥둥 떠밀려 가는 듯한 공포와 외로움을 어떻게 혼자서 달랠 수 있을까?

만일 지금 당신이 그런 상황에 놓였다면 자신만의 벽난로를 찾아가길 바란다. 없다면 새로 만들어서라도 찾아가야 한다. 어디라도 좋으니 사람들이 모여 따뜻하게 마음을 나눌 수 있는 곳을 찾아보자. 설령, 당신이 먼저 그들에게 말을 걸지 않더라도 그들의 존재만으로 마음에 평온이 스며들지 모른다. 내가 느끼는 것을 그들도 느끼고, 그들이 보는 것을 나도 보고 있다는 사실만으로도 어떤 연결감을 느끼게 될 것이다.

혹시 그 어디에서도 벽난로를 찾기 어렵다면 당신이 먼저 누군가의 벽난로가 되어 주면 어떨까? 내가 원하는 무언가를 먼저 남에게 주면, 오히려 그것이 나에게 돌아온다는 사실을 잊지 말자. 호스피스 병동이나 무료 급식소에서 자원봉사를 해 보는 것도 방법이겠다. 비슷한 곤경에 처한 사람들, 같은 아픔을 지닌 사람들과의 모임에서 누군가에게 먼저 다가가 위로의 손길을 뻗어 보는 건 어떨까? 위로받기 전에 먼저 위로하면서 스스로 벽난로가 되는 것이다. 그러다 보면 어느 순간 당신 주변으로 사람들이 둥글게 모여들어 온기를 나누게 될 것이다.

🟢 사랑의 힘을 전달해 주는 존재들

어쩌면 지금, 이 순간에도 우리가 알지 못하는 온기와 사랑의 힘이 우리 일상에, 우리 가슴에 조금씩 스며들고 있는지도 모른다. 당신은 그것을 느낄 수 있는가? 도저히 극복할 수 없을 것 같았던 난관의 문턱이 알게 모르게 낮아지고, 절대 지워지지 않을 것 같았던 상처도 서서히 아물기 시작한다. 그리고 그것이 사랑의 힘이었음을 우리는 나중에야 알게 된다.

차가운 새벽 공기를 마시며 제방을 쌓는 사람들, 화염 속으로 달려드는 구조대원들, 정성스럽게 작물을 키우는 농부들, 가슴 울리는 선율을 들려주는 음악가들, 이들 모두는 같은 하늘 아래에서 사랑의 힘으로 엮여 있다. 물론 그 힘이 현재 당신을 짓누르는 아픔을 한순간에 달래 주지는 못한다. 위기에 처한 보금자리를 지켜 주거나 멀어진 사람의 마음을 돌려 놓거나 병든 가족을 낫게 해 주지는 못한다. 그러나 분명 당신의 슬픔을 조금은 달래 주고 내면의 어둠을 살짝 밀어내 주진 않을까?

돌아보면 모두가 사랑의 힘을 전해 주는 전달자들이다. 털북숭이 반려동물도, 계절을 품은 자연도, 아름다운 선율과 색채도 당신에게 온기를 건네주는 존재들이다. 이런 것들이 현실의 문제를 당장 해결해 주지는 않지만 그래도 사랑의 힘 안에서 느끼는 '혼자가 아니다'라는 깨달음은 당면한 어려움도 다른 빛깔로 보이게 한다.

어쩌면 나 자신마저 다른 사람이 된 기분을 느낄 수 있고, 절벽처럼 앞을 가로막던 시련과 고통 또한 차츰차츰 그림의 먼 배경으로 물러나면서 마침내 시련을 받아들이는 태도까지 달라진다. 우주의 모든 물리법칙은 '힘'을 중심으로 돌아가고, 그 모든 힘을 아우르는 궁극의 힘이 바로 '사랑'이기 때문이다.

당신이 만일 아주 잠시만이라도 그 강력한 사랑의 힘을 느끼는 순간, 삶의 모든 것들은 하나둘씩 제자리를 찾기 시작할 것이다. 그리고 마침내 그 위대한 힘은 당신 주위의 공기를 바꾸고 변화를 일으키며 상상도 못 했던 기적의 증거들을 조금씩 보내올 것이다. 그 증거들은 대부분 사람을 통해서 전달된다.

실의에 잠긴 당신에게 슬며시 다가와 따뜻한 말 한마디로 용기를 불어넣어 주는 사람, 첫 번째 진단이 정확한지 몰라서 다른 의사를 찾고 있을 때 당신에게 딱 맞는 훌륭한 의사를 소개해 주는 사람, 당신이 알지 못하던 치료법을 가르쳐 주는 사람…. 그들 모두가 당신에게 사랑의 힘을 전달해 주는 것이다.

하지만, 제발 아니기를 바라지만… 주변을 아무리 둘러봐도 그런 사람이 없다면? 몸이 불편하거나 큰 병에 걸려서 1년 동안 햇빛을 본 적이 없다면? 이사 온 지 얼마 안 되어 주변에 아는 사람이 하나도 없다면? 그렇다면 무슨 수를 써서라도 '당신만의 벽난로'를 찾아야 한다. 시련을 헤쳐 나가는 동안에는 당신을 사랑하는 사람, 당신에게 사랑을 줄 수 있는 누군가에게 기댈 수 있어야 한다. 걸어가도 좋고 뛰어가도 좋고 기차나 비행기나 버스를 타도 좋다. 지금 당장 당신에게 사랑을 줄 수 있는 그 사람에게 다가가는 것이다. 가족, 친구, 이웃, 직장 동료, 어쩌면 잘 알지 못하는 낯선 사람일 수도 있다. 그 사람이 누구든 사랑을 느낄 수 있는 사람, 함께 있으면 편안하고 행복할 수 있는 사람을 찾아보자.

그는 당신의 영혼을 볼 줄 아는 사람이며, 감성을 어루만져 주는 사람일 것이다. 그리고 어떤 식으로든 당신에게 에너지를 주고, 웃게 만들어 주는 사람일 것이다.

●● 세상이 나를 반겨 주는 느낌

랠프는 1년 넘게 희귀병을 앓았다. 그러는 동안 사람도 못 만나고 외출할 수도 없어 줄곧 집 안에서만 지내야 했다. 다행히 해가 바뀌고 다시 봄이 오면서부터 상태가 조금씩 호전되기 시작했다.

화창한 어느 날, 랠프의 절친인 사라가 집으로 찾아와 오랜만에 함께 외출을 시도했다. 두 사람은 천천히 걸어서 근처에 새로 생긴 카페로 향했다. 오랜 투병 생활 뒤에 맞이한 첫 외출이라 그는 한껏 들떠 있었다. 카페에 감도는 커피 향과 부드러운 음악 소리, 그리고 너무도 보고 싶었던 친구와의 잡담까지, 모든 것이 축복처럼 느껴졌다.

그때 어디선가 빨간 머리의 어린 소녀가 두 사람 곁으로 다가왔다. 아이는 테이블 주변을 맴돌더니 자꾸만 랠프에게 말을 걸었다. 손에 분홍색 고무찰흙을 쥔 채, 방금 코끼리 모양을 만들었다며 자랑하는 것이다. 하지만 암만 봐도 코끼리는커녕 그냥 조물조물 고무찰흙을 뭉개 놨을 뿐이었다.

랠프는 슬그머니 짜증이 났다. 1년 넘게 격리 생활을 하다가 오랜만에 외출해서 친구와 행복한 시간을 만끽하고 있는데, 조그만 아이가 왜 자꾸 끼어드나 싶었다. 랠프는 아이를

딴 데로 보내려고 애썼지만, 녀석은 요지부동인 데다 심지어 랠프의 무릎 위에 앉게 해 달라고 졸라 대기까지 했다. 랠프는 점점 더 짜증이 올라왔다.

'애 부모는 어디 있는 거야? 이런 공공장소에서 아이 혼자 돌아다니게 해도 되는 거야?'

그는 아이의 보호자를 찾아 주위를 두리번거렸다. 바로 그때 무릎 위로 작은 무게감이 느껴졌다. 맞은편에 앉아 있던 사라가 아이를 살짝 들어 랠프의 무릎 위에 앉힌 것이다. 그 순간 묘한 감정이 밀려왔다. 조금 전까지 짜증스러웠던 마음이 스르르 풀리더니 왠지 포근해지는 느낌이었다.

아이는 처음 보는 랠프에게 거의 안기다시피 해 이것저것 꼬치꼬치 묻기도 하고, 자기가 만든 분홍 코끼리에 대해서도 조잘조잘 한참을 늘어놓았다. 랠프는 맞은편에 앉은 사라는 잊은 채 아이가 묻는 말에 하나하나 대답해 주었다. 그러다 자기도 모르게 코끝이 찡해 오는 것을 느꼈다.

"예전에 그런 기분을 느껴 본 적이 있었나 싶었죠."

건강을 완전히 회복한 뒤에 그가 내게 말했다.

"투병 생활을 하던 1년 반 동안, 아니 그전에도 저는 나 이외의 다른 누군가에게 크게 관심을 기울여 본 적이 없었던 것 같아요. 또 그만큼 저에게 관심을 보내 준 사람도 별로 없었죠. 그런데 그때 그 꼬마를 품에 안고 도란도란 이야기를 나누다가 별안간 가슴이 뭉클해져 오는 걸 느낀 거예요. 뭐랄까, 세상이 나를 다시 반겨 주는 느낌이랄까? 생전 처음 보는 꼬마가 넓은 카페에서 하필이면 나한테, 비쩍 마르고 창백한 아저씨한테 와서 무릎에 올라앉은 까닭이 뭘까요? 아무래도 그저 우연은 아닌 것 같아요. 다시 건강해지면 지금 이 느낌으로 살아 보라는 뜻이 아닌가 싶어요."

힘드니까 만납시다

사람들은 그를 '엉클 짐'이라 부른다. 그는 번화가와 주택가의 경계에서 바를 운영하는 오십 대 싱글 중년남이다. 엉클 짐의 바는 특히 그곳 일대에서 가장 늦게까지(손님이 있을 때는 새벽 5시까지도) 문을 닫지 않기로 유명하다. 웬만해선 손님을 쫓아내지 않는 것이 그의 영업 방침이라고 한다. 언젠가 내가 그 이유를 묻자, 그는 명쾌하게 대답했다.

"내 가게마저 문을 닫으면 그 사람들 어떡합니까?"

엉클 짐은 누구나 새벽 3시, 4시까지 바에 앉아 있고 싶은 때가 있게 마련이고, 이왕이면 자신의 가게가 그들을 위한 공간이 되면 좋겠다고 했다. 그는 가족에게도 차마 털어놓지 못하는 고민을 안고 살아가는 가장들이 얼마나 많은지 아느냐고 내게 반문하고는 이렇게 말했다.

"힘겨운 시간을 혼자서 보내는 것만큼 괴로운 일도 없답니다."

그래서 늦은 시간까지 문을 열어 두고 바의 한쪽에 홀로 앉아 잔술을 마시는 손님에게 잔잔하게 음악도 틀어 주고, 때로 말벗이 돼 주기도 한다는 것이다. 나는 엉클 짐의 영업 철학을 존중했다.

그런데 정작 내가 엉클 짐에게 관심을 가진 이유는 매주 일요일 오후가 되면 가게 앞에 나붙은 플래카드 때문이었다. 거기엔 이렇게 적혀 있었다.

'힘드니까 만납시다!I'm tired, Lets meet!'

나는 호기심에 이끌려 어느 일요일 오후에 엉클 짐의 가게를 방문했다. 오후 4시쯤, 그의 바에는 이미 한 무리의 사람들이 모여 환담 중이었다. 내가 엉클 짐에게 다가가 어떤 모임이냐고 속삭이자, 그가 웃으며 설명해 주었다.

"플래카드에 적힌 그대로입니다. 사는 게 힘든 사람끼리 일요일마다 만나는 거죠. 그게 전부예요."

그의 말대로 삶에 지친 사람들이 모여 각자의 이야기를

나누는 모임이었다. 또 저마다 먹을 것들을 준비해 와서 테이블 위에 펼쳐 놓고 함께 먹기도 했다. 직업도 나이도 다양했고, 시련과 고민의 종류도 천차만별이었지만 내 눈에는 마치 오래된 친구들의 모임처럼 정겹게 보였다.

"몇 개월 전부터 고객이 점점 줄더니 이제 완전히 반토막이 됐어요. 휴우, 앞으로 어떻게 될지 걱정이 태산입니다."

직업이 치료사인 사십 대 남자가 울상을 짓자, 골목에서 작은 식료품 가게를 운영하는 아주머니가 이해한다며 말을 받았다.

"지난달에 대형 할인점이 들어왔잖아요. 그 바람에 내 가게가 직격탄을 맞았어요. 손님이 뚝 끊겼다니까요. 이젠 뭘 해야 할지 막막합니다, 막막해."

혼자서 아이 넷을 키우는 엄마도 있었고, 최근에 마약중독자 남편과 이혼한 간호사, 아르바이트 자리를 잃는 바람에 대학원 공부를 중단해야 하는 청년, 아내의 외도를 알게 된 화학과 교수, 스키를 타다가 크게 다쳐 재직 중이던 스포츠용품점에서 해고된 젊은 여성…. 이런 사람들이 일주일에 한 번씩 엉클 짐의 가게에 모여 서로 고민을 나누는 것이었다. 그들이 모여서 먹는 음식은 대부분 간소하고 단출했다. 치즈 마카로니, 칠리 스튜, 치킨 파이, 샐러드, 값싼 와인, 쿠

키 정도가 전부였다. 하지만 분위기만큼은 아주 흥겹고 시끌벅적한 디너파티 같았다.

"힘든 사람들만 모인 것 치고는 분위기가 너무 좋은데요?"

내 말에 엉클 짐이 키득키득 웃으며 대답했다.

"혼자 있을 때랑 같을 리가 없죠. 혼자 있을 땐 금방이라도 다리에서 뛰어내릴 것처럼 괴로워하거든요. 실제로 저들 중에 자살 기도를 했다가 간신히 살아남은 친구도 있답니다."

혼자서는 도저히 견디기 힘든 사람들이 이렇게 한 자리에 모여서 각자의 괴로운 사연을 속 시원히 털어놓는 것만으로도 분위기가 완전히 달라진다는 얘기였다. '나만 죽고 싶은 게 아니다'라는 사실, 혹은 '나보다 힘든 사람도 있다'라는 것을 깨닫게 되면서 힘든 사람이 더 힘든 사람을 위로하는 진풍경이 펼쳐진다고도 했다.

엉클 짐의 가게에서 이뤄지는 일요 모임을 엿보는 동안 나는 함께하는 것만으로도 치유가 된다는 사실을 눈으로 확인할 수 있었다. 그렇게 일주일에 한 번씩 만나서 울고 웃고 수다를 떨면서 얻은 에너지로 다시 또 각자의 일상으로 돌아가 열심히 버텨 내는 것이다. 그러는 사이 어떤 이들은 겪고 있던 문제가 해결되기도 했고, 더러는 상황이 더 나빠지기도 했다.

함께 모여 식사하고 이야기를 나눈다고 해서 모든 문제가 싹 다 해결되는 것은 아니다. 하지만 그들이 이 모임에 꾸준히 나오는 까닭은 문제를 해결하기 위해서라기보다, 혼자가 아니라는 느낌, 서로가 연결되어 있다는 느낌을 얻고 싶어서다. 엉클 짐은 그 사실을 잘 알고 있었다.

"힘들 땐 무조건 만나야 합니다. 힘들 때 혼자 있는 건 정말 위험하거든요."

늦은 저녁, 그의 가게를 나오면서 나는 생각했다.

'도시마다, 동네마다 이런 곳이 하나씩 있으면 얼마나 좋을까?'

● 모든 빗방울은 바다에서 하나가 된다

외식업체를 운영하는 존은 사업뿐만 아니라 주식투자로도 꽤 많은 재산을 불려 온 인물이었다. 그는 살아오는 동안 수많은 경쟁에서 승리한 경험이 있었고, 간혹 지나치게 냉혹하다는 평가를 듣기도 했다. 하지만 그는 자본주의 사회에서 경쟁은 당연한 것이며, 적어도 자신은 윤리적으로 비난받을 짓은 하지 않았으니 문제될 게 전혀 없다고 생각했다.

어느 날 밤, 존은 자신의 저택에서 꿀잠을 자다가 비상 사이렌 소리에 화들짝 놀라 일어났다. 창밖에서 소방차의 사이렌 소리와 긴급 안내 방송이 들려왔다. 당장 집을 비우고 대피하라는 내용이었다. 충격을 받은 존은 머릿속이 하얘졌다. 그리고 자신에게 닥친 상황에 분노가 치밀었다. 이웃집처럼 싸구려 널빤지 따위로 지은 건물이면 몰라도 자기 집만큼은 끄떡없을 거라고 늘 생각해 왔기 때문이다. 존의 저택은 외벽만 해도 엄청나게 비싼 자재를 사용해서 튼튼하게 지어 웬만한 화재 따위 이겨 낼 수 있다고 했다. 하지만 창밖으로 저 멀리 산마루에서부터 마치 악마의 입김처럼 시뻘건 불길이 다가오는 것을 보고는 부랴부랴 귀중품만 간신히 챙겨 집 밖으로 탈출해야만 했다.

존은 다른 이재민들과 함께 근처 대학 체육관에 마련된 야전침대 위에서 하룻밤을 보냈다. 기록적인 화재로 피해를 당한 사람들만 대략 3만 명이라고 했다. 존은 야전침대에 걸터앉아 망연자실한 채 사방을 둘러보았다. 우는 사람, 다친 사람, 한숨짓는 사람들이 하나하나 눈에 들어왔다. 그 순간 존은 자신이 그들과 비교해서 하등 나을 것도 없고, 뭔가 대단하거나 특별한 존재도 아니라는 사실을 새삼 깨달았다.

그는 거기서 꼬박 닷새를 머문 뒤에야 다시 집으로 돌아갈 수 있었다. 평생의 자랑이던 저택은 이미 시커먼 잿더미로 변해 있었다. 존은 그 앞에서 왈칵 쏟아지려는 눈물을 간신히 참았다. 우는 모습을 행여 누가 볼까 두려웠다. 하지만 이웃들이 저마다 각자의 잿더미 앞에서 울고 있는 모습을 보는 순간, 존의 눈에서도 기어이 뜨거운 눈물이 흘러내렸다. 존뿐만 아니라 이웃들, 아니 화재를 당한 3만여 명의 주민들이 말 그대로 하루아침에 '모든 것'을 잃어버린 것이다.

내가 존을 직접 만난 것은 화재 사건 이후 대략 8개월이 흐른 뒤였다. 나는 그 기간에 존이 어떤 일을 했는지 이미 들어서 알고 있었다. 그는 화재 이후 집을 잃은 사람들에게 거처를 마련해 주는 사업에 수십만 달러를 기부했다. 불에 타사라진 숲을 복구하기 위한 비영리단체도 만들었다. 물론 많은 돈이 필요한 일이었다. 그 돈으로 예전에 살던 대저택 같은 건물을 다시 지을 수도 있었지만, 그는 이제 저택보다 더 가치 있는 것이 무엇인지 알게 되었다고 했다.

존은 농담처럼 내게 말했다.

"그날 도시를 태운 불길이 얼어 있던 내 마음속 동정심에도 불을 붙인 셈이죠."

그는 늘 자신이 특별한 존재이고 얼마든지 삶을 통제할 수 있다고 믿었던 게 얼마나 어리석은 생각이었는지도 깨달왔다고 했다.

  사람의 일생 속에는 수많은 '현재 모습'이 존재한다. 잘나 갈 때는 그 모습이 당신의 현재 모습이고, 힘겨운 시기에는 그 모습이 현재의 모습이다. 당신의 현재가 어떤 모습인지 나는 알 수 없다. 부유할 수도 있고 가난할 수도 있다. 아플 수도 있고 건강할 수도 있다. 그러나 어떤 모습이든 현재의 그 모습들은 영원하지 않고, 상황이 바뀔 때마다 덩달아 계속 변해 갈 것이다. 다만 한 가지 분명한 것은 우리가 어디서 어떤 모습으로 살아가건 결국 모든 사람은 서로 연결되어 있다는 점이다. 그것은 가족이나 친구처럼 당신이 아는 사람일 수도 있고, 당신이 속한 도시의 모든 사람, 혹은 그 나라, 아니 이 지구의 모든 사람일 수도 있다.

  수많은 '하나'의 빗방울이 떨어져 바다에서 더 큰 '하나'가 되는 것처럼 사람도 '개인이 살아간다'라는 착각에서 깨어나는 순간 내가 혼자가 아니라, 거대한 하나였음을 알게 된다. 이 사실을 알려 주기 위해, 혹은 깨닫게 하려고 삶은 우리에게 끊임없이 크고 작은 시련들을 보내 주는 것이다. 그리고 가끔은 존의 사례처럼 그 시련과 고통의 충격이 클수록 세상과 인간을 바라보는 시선이 극적으로 바뀌기도 한다.

중요한 건 사랑뿐이다

나는 친구가 많은 편이다. 그리고 그 친구들과의 우정은 대부분 내가 힘들 때, 혹은 그들이 힘들 때 곁에서 이야기를 들어 주고 함께 울어 주면서 싹이 트고 탄탄해졌다. 사진작가인 빌리와의 우정도 그렇게 싹틔웠다. 한번은 빌리가 내게 자기만의 특별한 '영적 체험'에 대해서 이야기한 적이 있다.

"새벽 물안개를 찍으려고 호숫가에서 밤을 지새운 적이 있어."

동이 틀 무렵 빌리는 내가 가르쳐 준 대로 호숫가에서 가부좌를 틀고 앉아 명상에 빠져 있었다. 그러다 문득 눈을 떴을 때 물가에서 나뭇잎을 따먹는 사슴과 눈이 딱 마주쳤다. 서로 눈빛을 교환하는 그 찰나의 순간, 빌리는 그 사슴과 '통하는' 느낌을 받았다.

"뭐랄까, 서로의 영혼을 알아본 것 같은 그런 느낌이었어."

빌리는 그 순간을 영원히 간직하고 싶어서 카메라를 들었다. 하지만 사슴은 이미 자취를 감춘 뒤였다.

"세상엔 카메라에 담을 수 없는 것들이 너무 많아. 그리고 가장 귀한 장면은 절대 찍을 수 없어. 예를 들면 기적을 느낄 수 있는 그런 장면 말이야. 그런 장면은 오직 가슴에만 담을 수 있어."

나 이외의 다른 존재, 그것이 사람이건 동물이건, 아니면 바람이건 햇살이건 지상의 모든 존재가 침묵으로 통하는 그런 순간이야말로 삶이 우리에게 건네주는 기적 같은 선물이 아닐까?

그전까지 빌리는 주로 도시의 풍경만을 전문으로 찍는, 이른바 도시의 사진작가였다. 그런데 요즘은 도시를 떠나 숲으로, 히말라야로, 혹은 섬으로 훌쩍 떠나곤 한다. 그는 자연 속에서 살아가는 존재들, 인간과 동물과 숲을 찍으며 그들 사이를 잇는 '무언가'를 느끼고 싶어 한다. 사실 빌리는 이미 도시의 삶에 지칠 대로 지쳐 있었다. 화려하고 분주한 도시에서 스포츠 관람을 하거나 대형마트에서 쇼핑하거나, 혹은 이메일과 인스타그램, 유튜브를 확인하며 하루의 대부분을 흘려보내는 삶에 이골이 난 것이다. 빌리의 말에 따르면 "그 많은 일을 하느라 타인을 돌아보는 일은 늘 뒷전인 삶에 염증이 났다"는 것이다.

우리는 대부분 그렇게 살아간다. 그러다가 어떤 결정적인 계기, 그러니까 끔찍한 경험이나 시련과 마주쳐야만 누군가의 사랑을 절실히 갈구하지 않는가? 빌리는 우리가 사랑이 필요한 존재라는 사실을 자주 망각하는 이유를 이렇게 설명했다.

"우리를 둘러싼 수많은 물질적 환경이 영혼의 눈을 흐리게 만들기 때문이야. 주변을 둘러보면 다들 타인과의 관계보다 물질적인 부가 자신을 풍요롭게 해 준다고 믿는 것 같아."

나는 빌리의 말에 공감한다. 우리는 고요함이 아니라 소음이 평화를 가져다준다고 착각한다. 그래서 인터넷과 전자기기들에 둘러싸인 시간을 좀 더 확보하느라 아침 햇살을 느낄 수 있는 시간이 사라지는 것이다.

"중요한 건 사랑뿐이야. 사랑만이 삶의 전부야. 그 호숫가에서 사슴과 내가 잠시 나눴던 느낌, 그런 기적의 순간들은 우리 주변 곳곳에 숨어 있어. 하지만 그런 순간을 목격하려면 내 눈을 가리고 있는 것들을 걷어 내야 해."

지금 내 눈을 가리고 있는 것들은 무엇일까? 만일 당신이 지금, 이 순간 지독히도 힘든 시간을 버티는 중이라면, 거기에서 벗어나려는 몸부림을 잠시 멈추고 눈을 감아 보길 권한다. 육체의 눈을 감으면 마음의 눈이 떠진다. 그 마음의 눈으로 당신의 현재를 가만히 바라보라. 그리고 당신이 결코 혼자가 아님을, 거미줄처럼 촘촘히 얽힌 사랑의 끈으로 연결되어 있음을 확인할 수 있다면, 당신은 삶의 해답을 찾은 것이다.

삶의 해답이 찾아오는 순간

잠시 마음속 물결이 잔잔해지기를 기다려 보자. 아무도 없는 공간에서 살아온 날들을 찬찬히 떠올리다 보면 문득 '아, 내가 혼자가 아니었구나' 하는 생각이 들 수도 있다. 그런 생각이 떠오르지 않는다면 다음 질문을 스스로에게 조용히 던져 보자.

- 어려움에 처했을 때, 전혀 예상하지 못했던 누군가의 사랑을 경험한 적이 있는가?

- 그 경험으로 인해 삶에 어떤 변화가 찾아왔는가?

- 지금 어떤 종류의 사랑이 필요한가? 그 사랑이 어떤 모습으로 당신에게 나타나면 좋겠는가?

- 남에게 어떤 사랑을 베풀 수 있을까? 답답하고 막막한 사람의 하소연을 들어 줄 수도 있고, 가난한 이들에게 온정의 손길을 뻗을 수도 있을 것이다. 당신이 줄 수 있는 사랑은 무엇인가?

- 남에게 베푸는 과정을 통해 당신이 받게 될 인생의 선물은 무엇인가? 이 세상 모든 사람은 사랑으로 연결되어 있다는 깨달음인가? 아니면 당신이 겪고 있는 시련쯤은 아무것도 아니라는 위안인가?

10

내면의 빛을 따라 걸어라

"우리가 가진 가장 큰 임무는
내 안의 빛을 발견하고 그것을 세상에 나누는 것이다."
_오프라 윈프리

　현실이 고통으로 다가올 때면 나는 에셔M. C. Escher(네덜란드 판화가)의 기묘하고도 아름다운 작품들을 물끄러미 들여다보곤 한다. 지금 내가 보고 있는 〈물고기와 새〉라는 그림은 윗부분에서 하늘을 날던 새들이 아랫부분에서는 어느새 물고기로 변해 있다. 한 장의 평면 그림 속에서 나의 시선과 인식은 하늘에서 땅으로, 바다 밑으로 순식간에 이동한다.
　에셔의 그림은 기하학적인 공간과 초현실적인 묘사, 그리고 온통 모순과 역설로 가득한 세상이다. 그의 그림을 보고 있노라면 높은 곳과 낮은 곳, 가까운 것과 먼 것 사이의 경계가 무의미해지고, 보는 것과 인식하는 것 사이의 경계마저도 희미해진다. 그리고 어느 순간, 이 세상에는 우리가 지각하는 것 너머에 또 다른 차원이 존재하는 게 아닐까, 하는 생각도 든다. 어쩌면 우주의 모든 것이 보이지 않는 끈에 의해 복잡하면서도 아름답게 연결되어 있는 게 아닐까? 나라는 존재와 나의 삶이란 것도 어쩌면 일상적 시선이 아닌, 좀 더 넓고 높은 시선으로 바라봐야 하지 않을까?

가슴을 짓누르는 시련의 소용돌이 속에서는 그 시련의 실체를 제대로 보기 어렵다. 감당할 수 없는 재앙이나 신이 내린 무서운 형벌처럼, 도저히 극복할 수 없는 그 무언가로만 느껴진다. 그러다 하루이틀 시간이 지나는 동안 조금씩, 조금씩 그 시련 뒤에 숨은 의미를 살펴보게 된다. 왜 지금 이 시기에 나에게 이런 시련이 닥쳤을까? 내가 큰 잘못을 해서? 운이 나빠서? 누군가의 저주를 받아서? 맞건 틀리건 어떤 각도로든 당신은 시련의 실체와 의미를 요모조모 살펴보는 시간을 갖게 된다. 좋은 신호다.

시련이 주는 선물 가운데 하나는 기존의 틀에서 벗어나 좀 더 높고 커다란 틀에서 나 자신과 나의 삶을 바라보게 만든다는 점이다. 그렇게 달라진 시각과 좀 더 깊어진 시선으로 '나'라는 존재를 보게 되면 어떤 일이 벌어질까? 우리의 내면에서 잊고 있던 영적 자아가 깨어난다. 바로 이것이 시련이 우리에게 찾아온 진짜 이유다.

영적 자아란 원래부터 우리 안에 있어 왔고, 삶의 여정에서 근본적인 성장에 깊이 관여하며, 그러면서 또한 현실적 삶의 영역을 넘어서는 신성한 힘이다. 종교의 유무와 상관없이 우리는 모두 영적 자아를 지니고 있다. 영적 자아는 우리가 지금 이 자리에 존재하는 이유이면서 또한 육체적 삶이 끝난 뒤에도 사라지지 않는 불멸의 에너지다.

하지만 오늘날 바쁜 일상에서 자신의 영적 자아를 인식하기란 쉬운 일이 아니다. 특히 첨단의 물질문명으로 둘러싸인 현대인들에게는 애초에 영적 자아란 개념부터가 낯설 것이다. 그런 우리를 바로 내면의 영혼이 있는 곳으로 데려다주는 것이 바로 시련이다. 시련은 우리를 조용히 흔들어 깨우며 이렇게 속삭인다. "너희는 그저 평범한 일상에 파묻힌 평범한 존재가 아니야"라고.

● 눈에 보이는 것만이 전부가 아니다

세상에는 오래전부터 육체의 눈보다 영혼의 눈으로 삶과 세계와 우주를 통찰하는 사람들이 늘 있어 왔다. 우리가 성인이라 부르는 사람들을 비롯하여 신비주의자, 예술가, 주술사, 선지자 등 명칭이야 어떻든 그들 모두 어떤 계기나 오랜 수행을 통해 특별한 깨달음을 얻었을 것이다. 깨달음의 방법과 과정에 따라 전달하는 방식은 조금씩 달라도 그들이 우리에게 전하는 메시지에는 한 가지 공통점이 있다. 즉, '눈에 보이는 것 너머에 더 깊은 세계가 존재한다'라는 것.

요즘은 유튜브를 통해서도 손쉽게 영적 스승, 혹은 영적 지도자들의 강의를 보고 들을 수 있다. 그러나 강의를 들으면서 깊이 이해하고 감화되는 것과 그런 가르침을 일상에서 실천하는 것은 별개의 문제다. 그만큼 어렵다는 뜻이다. 그래서 우리는 영적 깨달음을 얻기 위해서는 속세를 떠나 오랜 수행을 거쳐야만 한다고 생각한다. 내가 경험한 바로는, 시련을 만나고 그 시련에 어떻게 대처하느냐에 따라 갑자기 영적 시야가 열리는 경우도 종종 있었다. 이제 그 이야기를 해 보려고 한다.

"영혼을 깨우는 종소리 같았어요."

로렌은 난데없이 자기 앞에 닥친 역경을 이렇게 표현했다.

여느 때처럼 아침에 일어나 베이컨을 굽고 식사를 차리던 어느 날, 그녀의 남편이 갑자기 식탁 위에 이혼서류를 내밀었다. 그는 "우리 이혼해"라는 말을 남기고 곧장 집을 나가 버렸다. 로렌은 충격을 받아 그대로 굳어 버리고 말았다. 경찰서에서 연락이 온 것은 그로부터 3주 뒤였다.

"남편분이 열세 가지 범죄 혐의로 체포되었습니다."

이어지는 설명을 통해 그녀는 남편의 실체를 알게 되었다. 20년 넘게 살을 맞대고 살아온 남편이 사실 화려한 전과를 지닌 범죄자였고, 최근까지도 범죄를 저질러 왔다는 것이다. 로렌은 온 세상이, 그리고 현재의 삶과 심지어 자기 자신마저 허무하게 사라지는 느낌을 받았다. 모든 것이 거짓말처럼, 혹은 실체가 없는 허상처럼 느껴졌다.

불과 한 달 사이에 인생 전체가 송두리째 무너져 내리자, 그녀는 완전히 주저앉고 말았다. 무엇을 해야 하고, 어떻게 처신해야 할지 그저 막막하기만 했다. 괴롭다, 미칠 것 같다, 죽고 싶다는 표현만으로는 한참 부족했다. 한동안 그녀의 일과는 오로지 울고, 또 우는 것뿐이었다. 그렇게 하루하루 시간이 흐른 뒤에 로렌은 가까스로 기력을 되찾고 몸을 움직이기 시작했다.

우선 그녀는 새로운 집으로 이사하고, 일자리를 찾고, 살기 위해 명상과 기도를 했다. 그러면서 차츰차츰 자기 자신과 현재 상황을 좀 더 큰 틀 안에서 객관적으로 바라보기 시작했다. 거짓으로 점철된 남편과 허망한 결혼생활이 의미하는 것은 무엇인지, 그동안 자신이 확실히 안다고 생각했던 세상의 실체가 과연 있기나 한 건지, 그 모든 것이 의심스러웠다. 마침내 그녀는 자신이 지각하는 것들, 심지어 현재의 삶과 '나'라는 존재마저 자신이 생각하는 차원을 넘어서는 그 무엇이라는 사실을 깨달았다.

"내가 삶이라 여겨 온 것이 어쩌면 아주 거대한 진리의 한 조각에 불과한 게 아닐까, 하는 생각이 들더군요."

외부 현실에서 맞닥뜨린 시련이 아무리 미치도록 괴로워도, 자기 내면에는 절대 변하지 않는 무언가가 존재한다는 사실을 어렴풋이 이해하기 시작한 것이다. 그녀는 자기 내면의 영혼, 어떤 상황에서도 흔들리지 않는 영적 자아의 눈으로 세상을 바라보고자 했다. 그러자 온 세상이, 자신이 만나는 모든 사람과 사건이 보이지 않는 끈으로 연결된 것 같은 느낌이 들었다.

"내가 겪은 일들을 그들이, 또 그들이 겪고 있는 일들을 내가 겪는 것 같은 동질감이 들었어요. '나'라는 존재가 점점 희미해지다가 나중에는 아예 사라져 버린 것 같았죠."

이전의 감각과는 전혀 다른 감각으로 세상을 받아들이면서부터 그녀는 예전에 그토록 중요하던 것들이 하나도 중요하지 않게 느껴졌다고 한다.

"분명 세상에 발을 딛고 살아가지만, 동시에 현실을 초월해 또 다른 세계에 들어선 기분도 들고요. 이 세상 안에 있으면서도 세상을 넘어선 느낌? 맞아요, 그런 기분이에요."

그녀는 점점 모든 것에 초연해졌다. 그러면서 내면에 차츰 더 깊은 평온이 찾아왔다. 물론 일상의 자잘한 의무와 스트레스는 계속되었지만, 거기에 크게 휘둘리지는 않았다. 한번 자리 잡은 평온은 좀처럼 사라지지 않았다.

로렌의 경우가 특별한 걸까?

아주 흔한 경우는 아니지만, 선택받은 소수만의 특권도 아니다. 로렌이 깨달은 것을 누구든 깨달을 수 있다는 뜻이다. 또 그런 깨달음을 위해 반드시 역경과 고통이라는 극단적인 계기가 있어야 하는 것도 아니다. 자신의 삶을 기존의 틀에서 벗어나 좀 더 확장된 시선으로 바라보게 되면 조금씩 인식의 경계와 내면의 공간이 넓어지는 것을 느끼게 된다.

"틀렸어. 내 힘으론 이 상황을 도저히 감당할 수 없어."

전에는 이렇게 투덜대고 좌절했다면, 이젠 반응을 달리해 보는 것이다. 예를 들어 길바닥에서 돌 틈을 뚫고 올라오는 연둣빛 새싹에 눈길을 돌려 보는 건 어떨까? 전에는 보이지도 않던 그 작고 여린 싹이 지금은 너무나 대견하게 느껴질 수도 있다. 이런 식으로 기존의 각도에서 벗어나 새로운 감각과 인식으로 세상을 대하면 세상 모든 것이 경이로움으로 다가온다. 다시 오지 않을 이 순간을 살고 있다는 사실에 감사하고, 숨 쉬고 있다는 것 자체가 경이롭게 느껴진다.

안타까운 것은, 현실이 아무런 문제 없이 그럭저럭 잘 굴러가고 있을 때는 이처럼 확장된 시선의 필요성이나 영적 깨달음의 기회를 만나기가 쉽지 않다는 점이다. 그렇기에 시련을 통해 다시 깨어난 사람들이 하나같이 자신이 겪은 고통에 감사하다고 말하는 것이다.

살다가 엄청난 시련을 만났을 때 우리는 더 이상 예전처럼 살 수 없고, 기존 방식으로 생각하거나 느낄 수 없게 된다. 상황이 완전히 달라진 만큼 익숙하지 않은 방식, 혹은 비정형적인 방식으로 거기에 대응할 수밖에 없다. 그때부터 모든 게 변하기 시작한다.

우리의 몸과 마음이 기존 패턴에서 벗어나면서부터 전에는 알아차리지 못했던 진실을 보게 되는 것이다. 그러면서 우리는 점점 더 많은 것을 받아들일 수 있는 상태로 변해 간다. 시련과 고통으로 몸과 마음이 약해지고 이완된 상태에서 오히려 역설적으로 새로운 진실을 흡수하고 받아들이기가 더 쉬워지는 것이다. 그리하여 마침내 영혼의 모든 문이 활짝 열리고 변화의 기운을 받아들이게 된다.

🟢 길 위에서의 깨달음

어떤 시련은 겹겹이 몰려오는 파도처럼 숨 쉴 틈 없이 들이닥치기도 하는데, 민디의 경우가 그랬다. 건강하던 부모님이 거의 같은 시기에 차례로 세상을 떠난 것부터가 그녀에겐 참으로 버거운 고통이었다. 하지만 그것은 시작에 불과했다. 장례식을 마치자마자 민디는 그동안의 충격과 스트레스가 한꺼번에 몰려와 바닥에 그대로 쓰러지고 말았다. 한동안 병원 신세를 지게 된 그녀는 치료비를 충당하느라 돈이 바닥났고, 결국 집까지 팔아야만 했다. 졸지에 빈털터리 외톨이가 된 민디에게 남겨진 것은 낡은 자동차 한 대뿐이었다.

그때부터 민디는 2년 넘도록 집 없이 떠돌며 자동차에서 생활해야만 했다. 젊은 여자가 2년 동안 샌드위치에 식은 커피로 끼니를 때워 가며 세수도, 화장실도 길 위의 휴게소에서 해결하며 살아간다는 건 여간 어려운 일이 아니었다. 그런데도 민디는 그 시절을 회상하면서 전혀 부끄러워하거나 울적해하는 기색이 없었다. 오히려 그때를 그리워하는 게 아닐까, 하는 느낌마저 들 정도였다.

"사람이 벼랑 끝으로 내몰리면, 그다음엔 뛰어내리는 일밖에 없잖아요. 그런데 그게 아니었어요. 갑자기 온 세상과 우주가 어떻게 맞물려 돌아가는지 눈에 보이기 시작하는 거예요."

앞서 소개한 사람들처럼 민디 역시 온 세상이 보이지 않는 끈으로 연결된 듯한 느낌을 받은 것이다. 곧이어 온몸의 기운이 다 빠져나간 자리에 새로운 기운이 차오르기 시작했다.

"뭐라고 표현하기 힘든 크고 온화한 힘이 저를 감싸는 것 같았어요. 그리고 예전에는 전혀 느끼지 못했던 평온함이 몰려왔어요."

그 순간 이후로 민디에게 이상한 일이 벌어졌다. 뭐가 필요하다 싶으면 그때마다 묘한 방식으로 그것이 채워지곤 했다. 주말에 주차장이 꽉 찼을 때도 이상하게 민디 앞에 빈자리가 생기는가 하면, 끼니를 거른 채 피자 가게 앞을 지나다 우연히 길에서 무료 쿠폰을 줍는 식이었다.

"참 신기했어요. 세상이 저를 배려해 주는 것만 같았죠."

그녀는 길 위에서 많은 사람을 만났고, 그때마다 예사롭지 않은 기운을 느꼈다. 그 기운은 민디의 표현에 의하면 '같은 행성을 살아가는 동지애' 같은 것이었다. 옷을 사거나 팔려고 중고품 할인점에 들렀을 때 반갑게 맞아 주던 사람들, 음식을 나눠 주거나 기꺼이 자기 집에서 샤워하게 허락해 준 사람들, 그녀가 웬만큼 일어설 수 있을 때까지 임시로 채용해 준 사람들까지…. 길 위에서 만난 생면부지의 사람들에게서 그녀는 가족 이상의 동질감을 느꼈다.

목적지도 없이 그저 바람 따라 떠다니던 그 2년 사이에 민디는 생애 처음으로 온전한 자아를 찾은 기분이었다. 하루하루가 축복과 감사로 가득했다. 매일 아침 차 안에서 눈을 떠 창밖으로 비치는 하루의 첫 햇살을 마주할 때면, 살아 있다는 그 자체만으로 감사한 마음에 전율이 일곤 했다. 무엇보다 그녀는 이 세상이 지독하게 현실적인 곳이면서 동시에 현실을 초월한 듯한 기묘한 경험을 했다고 한다.

"처음엔 제가 정신적으로 문제가 생긴 게 아닌가 싶었어요. 영양분을 충분히 섭취하지 못해 머리가 이상해진 것 같았죠. 하지만 아무리 생각해도 제가 누군가로부터 커다란 선물을 받고 있다는 느낌을 떨칠 수가 없었어요."

한참 지나서야 민디는 그것이 세상을 바라보는 영적 자아가 성숙해 가는 과정이라는 사실을 깨달았다.

현재 민디는 맨손으로 인터넷 컨설팅 사업체를 세워 성공적으로 운영하고 있다. 그녀는 자신의 사업체와 현재 살고 있는 집, 자동차, 직업적인 성공 등 모든 것에 늘 감사한 마음이지만, 그래도 자동차에서 보낸 2년의 세월이야말로 인생에서 가장 큰 축복이었다고 말한다.

● 깨달으면 무엇이 달라질까?

모든 시련은 깨달음으로 가는 하나의 과정이다. 시련을 통해 우리는 '나'라는 에고의 틀을 벗어난 초월적 존재, 혹은 현재의 삶보다 더 신성한 영역에 다가갈 기회를 얻게 된다. 이 소중한 영적 여정 속에서 당신은 내면에 존재하는 영원한 힘과 교감할 수도 있다. 이러한 영적 변화는 때로 갑작스러운 인식의 전환과 함께 찾아오기도 한다. 어느 날 아무런 이유도 없이 숨이 막힐 것처럼 특별한 경외감과 환희가 몰려오거나, 혹은 나라는 존재와 나의 삶에서 현재 눈에 보이는 것들만이 전부가 아니라는 강렬한 자각을 할 때도 있다.

그런가 하면 간혹 시련이 없는 평범한 일상에서도 그런 깨달음과 마주치는 순간이 있다. 무아지경으로 춤을 추다가 혹은 스카이다이빙이나 마라톤에 흠뻑 빠져들 때 느닷없이 강렬한 깨달음을 얻기도 한다. 나와 세상 사이의 경계가 사라지고 모든 것이 하나의 울타리 안으로 합쳐지는 기분에 휩싸이는 것이다. 하지만 대부분의 깨달음은 극심한 괴로움이나 슬픔, 엄청난 상실과 육체적 고통을 통해 찾아오는 경우가 훨씬 많다. 어떤 식으로든 그 문이 열리고 나면 우리가 육체적 자아를 넘어선 더 큰 존재임을 깨닫게 된다.

그렇다면 그런 깨달음 뒤엔 우리 삶이 어떻게 달라질까?

많은 것이 달라진다. 우선 그동안 손에 쥐기 위해 고군분투하던 모든 것이 전혀 다르게 보인다. '내가 왜 저걸 붙잡으려고 그토록 애써왔을까?' 하는 생각과 함께 대상을 바라보는 시각과 인식이 완전히 달라진다. 종종 큰 시련을 겪은 사람들에게서 뭔가 근본적으로 달라졌다는 느낌을 받게 되는 것도 이 때문이다.

물론 깨달은 사람들도 여전히 이 땅에 발 딛고 살아간다. 자동차를 몰려면 기름이 필요하고, 전기 요금을 내려면 돈을 벌어야 한다. 다만 깨달음 이후에는 일상의 소소하고 자잘한 것들에 크게 연연하지 않고 한 걸음 물러서서 세상과 나 자신을 관찰하듯이 바라보게 된다. 마치 커다란 체스판 위의 움직이는 작은 말들을 보는 것과 같다.

한번 상상해 보자. 우리의 삶을 거대한 체스판이라고 한다면, 지금 당신은 '나'라는 말이 어떤 목적을 가지고 어디로 이동하는지를 멀리서, 아주 높은 곳에서 바라보고 있다. 때로 상대를 놓치거나 잡히기도 하면서 체스 게임이 무수히 반복된다. 그런데 잠깐, 당신이 생각하는 '나'는 과연 누구인가? 체스판의 말인가? 아니면 그 체스판을 멀리서 바라보는 존재인가? 답은 둘 다이다. 체스판의 말이 육체적 자아라면 그것을 바라보는 존재는 영적 자아인 것이다.

깨달음이란 그 두 개의 '나'를 동시에 인식하며 살아간다는 의미다. 아침에 일어나 씻고 출근하고 일하고 퇴근하는 나, 사람들을 만나 이야기를 나누고 사랑하고 갈등하는 나, 울고 웃고 아파하며 또 하루를 맞이하는 나, 그리고 그 모든 일상 속의 나를 물끄러미 바라보는 '더 높은 차원의 나'가 동시에 존재한다. 직접 몸을 움직이며 살아가는 나에게 어떤 시련과 고통이 몰려와도 그것을 관조하는 영적 자아는 언제나 평온하기만 하다. 사람들이 깨달음을 얻고자 하는 까닭이 바로 여기에 있다. 육체적 삶을 살면서도 언제나 그 평온함 속에 머물 수 있기 때문이다.

● 평온함으로 이르는 길

윌슨은 젊은 시절 자기 집 앞에 까만 인형을 목매달아 놓을 만큼 지독한 인종차별주의자였다. 심지어 백인우월주의

갱단의 극렬 멤버로 활동하며 흑인들을 공격하는가 하면, 사우스캐롤라이나의 버스 정류장에서 흑인 인권운동가 존 루이스John Lewis를 폭행하여 피투성이로 만들어 놓기도 했다.

세월이 흘러 노년으로 접어든 윌슨은 과거 자신이 벌인 행각을 마음에서 지우려고 무던히도 애를 썼다. 그런 어느 날 한 친구가 윌슨에게 물었다.

"자넨 죽은 다음에 어디로 갈 것 같은가?"

"아마, 지옥에 떨어지겠지."

이렇게 대답하는 순간, 한때 지독한 인종차별주의자였던 그는 이제 세상을 뜨기 전에 어떡하든 용서를 빌고 싶어졌다. 윌슨은 그 길로 곧장 루이스를 찾아갔다. 그는 50년 전 버스 정류장에서 루이스를 피투성이로 만들어 놨던 것에 대해 응분의 대가를 치러야 한다고 생각했다. 혹시라도 루이스가 자신을 피투성이가 되도록 흠씬 두들겨 팬다면 차라리 속이 시원할 것 같았다.

"그때 일을 사죄하고 싶습니다."

루이스를 만난 자리에서 윌슨은 눈물을 뚝뚝 흘리며 용서를 구했다. 그러자 루이스는 그의 어깨를 톡톡 두드려 주며 뜻밖의 말을 들려주었다.

"오히려 제가 감사합니다. 용서할 기회를 주셔서."

그는 솔직히 50년 전에 입은 마음의 상처를 완전히 잊지는 못했다고 했다. 태어나서 누군가에게 그런 폭행을 당한 게 처음이자 마지막이었기에 긴 세월이 흐르도록 가슴 깊은 곳에 또렷한 상처로 남아 있던 것이다. 그런데 갑자기 얼굴도 몰라보게 늙어 버린 가해자가 찾아와 용서를 구하는 순간, 그 오랜 상처가 거짓말처럼 씻겨 나갔다는 것이다.

"고마워요. 제 마음속엔 이제 어떤 원망도 미움도 남아 있지 않아요. 그러니 윌슨 씨도 마음의 짐을 모두 내려놓으세요."

윌슨은 루이스의 손을 잡고 펑펑 눈물을 흘렸다. 50년 동안 가슴을 짓누르던 후회와 고통이 순식간에 사라지고 생전 처음 마음의 평화가 찾아오는 순간이었다.

그날 이후 윌슨은 속죄와 용서의 힘이 얼마나 크고 위대한가에 대해 깊이 생각하게 되었다. 그리고 세상에는 자신처럼 마음속에 무거운 짐을 안고 살아가는 사람이 의외로 많다는 사실도 알게 되었으며, 기회가 닿는 대로 그들에게 용기를 주고 싶다고 말했다.

"단 한 사람이라도 용기를 내어 마음속에서 원망과 후회를 씻어 낼 수 있다면, 그건 그것대로 충분히 가치가 있다고 생각해요."

누군가를 용서하고, 또 누군가로부터 용서받는다는 것은 어떤 의미일까? 용서는 눈으로 보거나 손으로 만질 수 있는 사물이 아니며 그 가치를 물질적으로 확인할 수도 없다. 하지만 그것은 우리의 영혼을 확실하게 변화시킨다. 그 무엇으로도 사라지게 할 수 없었던 오랜 상처와 가슴의 멍 자국을 한순간에 씻어 낼 수 있는 신비롭고도 신성한 힘, 그것이 바로 용서의 힘이다.

● 영혼이 가리키는 곳으로

마크의 인생에 특별한 점은 별로 없었다. 아주 순탄한 건 아니었지만 그렇다고 유달리 힘겹지도 않은, 그저 잔잔히 흘러가는 샛강 같은 인생이었다. 틈날 때 책을 읽거나 음악을 듣는 것 말고는 딱히 취미라고 내세울 것도 없었다. 이따금 회사 동료들은 그를 '변함없는 친구'라고 부르기도 했다. 하지만 인생이 늘 그렇듯이 잔잔한 마크의 삶에도 날벼락 같은 사건이 벌어지고 말았다.

어느 날 밤, 그가 출장에서 돌아왔을 때 14년간 함께 살던 아내가 사라진 것이다. 자기 물건들만 쏙쏙 챙겨 간 걸로 봐서는 아예 집을 훌쩍 나가 버린 것 같았다. 어떤 예고도 언질도 없는 일방적인 이별이었다. 마크는 사흘 동안 거의 제정신이 아니었다. 아내에게 미친 듯이 전화를 걸고 메시지도 보내고, 여기저기 수소문도 다 해 봤지만 소용없었다. 그의 삶에서 이제 아내란 존재는 완전히 사라진 셈이었다. 머리와 가슴이 온통 배신감과 증오, 궁금증, 그리움으로 뒤엉키고 말았다. 마크는 한동안 정상적인 생활을 할 수 없었다. 여느 때처럼 회사를 오가긴 했지만, 생기가 모두 빠져나간 창백한 얼굴로 유령처럼 그저 몸만 움직일 뿐이었다.

아내가 사라지고 두 달째 되는 날, 마크는 가까스로 마음을 진정하고, 자기 앞에 닥친 이 사태에 대해 좀 더 곰곰이 생각해 보기 시작했다. 문득 어디선가 읽은 것 같은 '이 세상에 우연이란 없으며, 모든 일에는 그럴 만한 이유가 있다'라는 구절이 떠올랐다. 마크는 자신에게 닥친 일에도 어떤 이유가 있을 테고, 어쩌면 이 일을 계기로 자신에게도 모종의 변화가 생기지 않을까, 하는 생각에 이르렀다.

얼마 후에 마크는 또다시 출장을 위해 공항으로 향했다. 공항 대합실에 앉아 탑승을 기다리던 그때, 마크 앞으로 붉은 승복을 입은 티베트 승려 대여섯 명이 쓱 지나쳐 갔다. 평소라면 대수롭지 않았겠지만, 그 순간 그에게는 그것이 일종의 신호처럼 다가왔다. 훗날 그는 그때의 느낌을 '영적인 성숙과 깨달음의 길'로 들어서라는 계시로 해석했다.

그날 이후 '변함없는 친구' 마크에게 조용하면서도 커다란 변화가 찾아왔다. 무슨 생각에서인지 난생처음 명상을 시작하면서부터였다. 하루, 이틀 명상은 계속되었고, 아내가 떠난 뒤로 내내 혼돈 그 자체였던 그의 내면도 조금씩 안정을 찾아갔다. 그로부터 7년이 지난 현재까지 그는 단 하루도 빠짐없이 명상을 지속해 오고 있다. 내가 그를 만나서 처음 들은 얘기도 역시 명상에 관한 것이었다. 마크의 목소리는 더없이 차분했다.

"명상이 없는 삶은 상상할 수 없어요. 명상을 통해 제 삶의 모든 것이 바뀌었거든요."

무엇이 바뀌었을까? 사실 마크는 7년이 지난 지금도 여전히 혼자 살고 있고, 심지어 최근에는 일자리마저 잃었다고 한다. 객관적인 상황만 놓고 보면 예전보다 더 나빠진 게 틀림없지만, 정작 본인은 그 어느 때보다 마음이 평온하다고 했다. 현재 자신의 위치와 가야 할 방향을 잊은 적이 없다고도 했다. 일자리를 잃은 것 역시 삶이 자신을 위해 새로운 길을 내주려는 것이라고 확신했다.

나는 그에게 물었다.

"어떻게 그렇게 확신할 수 있죠?"

"명상에 들 때마다 저는 아주 고요하고 평온한 내면의 세계를 만납니다. 그 세계에 이르면 일상의 자잘한 걱정들이 마치 영화관의 스크린 속 장면들처럼 사소하게 느껴지죠. 그리고 때가 되면 자연스럽게 어떤 구체적인 느낌, 혹은 믿음 같은 것들이 떠오른답니다. 그 믿음이 가리키는 방향이 바로 제가 가야 할 방향인 거죠."

마크가 얘기하는 명상은 일시적인 기분 전환용이 아니었다. 그가 하는 명상은 자기만의 삶의 방식이자 더 큰 존재인 상위 자아와의 만남을 의미했다.

다시 몇 개월이 더 흐른 어느 날, 나는 마크가 도심 한복판에 있는 어느 건물에서 명상 클래스를 운영하고 있다는 소식을 접했다. 마크와 썩 잘 어울리는 자연스러운 선택이었다. 아마도 명상 중에 떠오른 방향으로 자기 삶의 궤도를 맞추었을 것이다.

우리는 늘 가던 길로만 가려 하고, 자신이 추구하는 미래만을 꿈꾸지만, 삶의 여정에는 예상치 않은 장애물과 샛길이 수없이 존재한다. 또 그 장애물을 타 넘었을 때 우리 앞에 전혀 몰랐던 새로운 길이 펼쳐지기도 한다. 삶의 해답은 그렇게 우리에게 찾아오는 것이다.

삶의 해답이 찾아오는 순간

지금 시련과 역경 앞에 서 있다면, 이제껏 외부 세계로만 향했던 시선을 당신의 내면으로 돌려 보길 바란다. 그리고 언제나 당신을 주시하고 있는 영적 자아와의 대화를 시도해 보라. 다음 질문들과 함께.

- 초월적이고 영원한 존재인 당신 내면의 영적 자아와 교감을 느껴 본 경험이 있는가?

- 그 경험을 비정상적이고 이상한 무언가로 흘려보낼 것인가? 아니면 한층 더 성장하고 위안을 얻게 될 신성한 기회로 삼을 것인가?

- 그런 경험을 통해 삶을 바라보는 당신의 시선에 어떤 변화가 생겼는가?

- 지금 당신에게 어떤 어려움이 닥쳤는가? 그 시련으로 인해 앞으로 수십 년 뒤 삶이 어떻게 달라지겠는가?

- 영적인 성장을 위해 평소에 실천하는 습관이나 행동이 있는가?

- 평소 당신이 내면의 자아와 교감할 수 있는 시간은 언제인가? 조용한 해변을 걸으며 저녁노을을 바라보는 순간인가? 트랙을 달리거나 요가에 집중하는 순간인가? 음악을 듣거나 춤을 추는 순간인가? 아니면 명상에 드는 순간인가? 그런 순간들을 당신의 루틴으로 만들 생각은 없는가?

- 그 시간을 통해 영적으로 성숙해질 수 있음을 믿는가?

- 그 외에도 당신이 원하는 특별한 영적 활동이 있다면 그것을 언제부터 시작할 것인가?

마치는 글

당신의 오늘이 어제보다 평온하기를

지금 당신이 겪는 시련 속에서 진정한 자아와 만나기를.
지금 당신이 지나는 고통의 터널 끝에 눈부신 깨달음의 빛이 환히 빛나기를.
그 여정의 끝에서 감사하는 마음으로 미소 지을 수 있기를.
그리고 어제보다 좀 더 평온해진 당신을 위하여!

옮긴이의 글

삶이 무너졌을 때 우리가 기억해야 할 것

　이 책에는 수많은 인물이 등장합니다. 직업과 나이, 성별이나 환경은 달라도, 모두 자기 몫의 가혹한 시련에 부딪혀 좌절과 아픔을 겪은 사람들입니다. 그리고 이 책을 우리말로 옮기는 동안 나 역시도 그들처럼 뜻밖의 곤경에 빠져 허우적거리고 있었습니다.
　견고했던 일상의 성벽에 쩍쩍 금이 가고, 지반이 약한 곳부터 삶이 무너져 내리기 시작했습니다. 어쩔 수 없이 작업을 중단한 채 해결책과 돌파구를 찾기 위해 전전긍긍했지만, 이 책의 인물들이 그랬듯이 상황은 점점 더 나빠질 뿐이었습니다.

더는 어떻게 해 볼 도리가 없을 지경에 이르러, 나는 누구보다 절박한 독자의 심정으로 다시 이 원고를 펼쳤습니다. 처음과는 사뭇 다르게 모든 문장이 절절하게 다가왔습니다. 그제야 이 책이 바로 나를 위한 책이었음을 깨닫게 되었습니다.

"삶이 무너졌을 때 우리는 무엇을 할 수 있을까?"

저자인 대프니는 이 질문에 열 가지 대답을 제시하고 있습니다. 오랫동안 심리 상담 전문가로 활동하며 직접 만났던 사람들, 그리고 그들이 저마다의 시련에 부딪혀 무너지고 좌절하며 다시 일어서는 과정들이 열 가지 대답 안에 생생하게 담겨 있습니다.

그렇지만 저자 스스로 밝혔듯이 현재의 고통에서 벗어나는 꿀팁이나 귀가 솔깃해지는 해결책 따위는 이 책 어디에도 실려 있지 않습니다. 왜냐하면 시련이란 한시바삐 벗어나거나 해결해야 할 대상이 아니기 때문입니다. 저자는 오히려 마주 보고, 귀 기울여야 할 영적 사인sign으로서 시련을 받아들이라고 합니다. 시련은 언제나 대화를 원합니다. 나를 좀 봐 달라고, 내 말 좀 들어 보라고.

고난에서 벗어나려는 모든 행위가 무위에 그쳤을 때, 이 책에 나오는 사람들처럼 나도 결국은 그 두렵고 끔찍한 시련과의 대화를 시도하기에 이르렀습니다. 시련을 마치 살아 있는 존재처럼 곁에 두고 어루만지며, 밤새 속삭이듯 말을 건넸습니다.

그렇게 온갖 문제와 골칫덩이들을 하나하나 불러내어 그 실체를 인정하고 받아들이기를 거듭하는 사이, 나를 괴롭히던 두려움과 암울했던 상황 또한 조금씩 옅어지기 시작했습니다. 심지어 그 틈새로 생각지도 못한 해답이 보이기도 했습니다. 그러고 보니 저자가 제시한 열 가지 대답이 실제로 작용하는지 나 스스로 확인한 셈입니다.

시간이 좀 더 흐른 지금, 나는 여전히 무너진 삶의 영역들을 한 뼘씩 복구해 가는 중입니다. 달라진 게 있다면 예전과 달리 어지간해서는 흔들리지 않을 믿음 같은 게 생겼다는 점입니다. 살면서 또 어떤 고난이 닥치더라도, 아무리 막막한 상황에서도 회피하지만 않는다면 결국 삶의 해답은 어김없이 나를 찾아온다는 믿음 말입니다.

큰 슬픔과 절망을 겪었지만, 그로 인해 오히려 자신의 진짜 삶과 진정한 행복을 찾아낸 이 책의 인물들처럼, 이제 여러분에게도 인생의 대반전을 가져올 삶의 해답이 찾아가기를 진심으로 바랍니다.

김정홍

삶의 해답은
언제나 나를 찾아온다

초판 1쇄 인쇄 2025년 10월 20일
초판 1쇄 발행 2025년 10월 30일

지은이 대프니 로즈 킹마
옮긴이 김정홍
펴낸이 배민수 이진영
기획·편집 셀리&밀리
디자인 스튜디오 허브
마케팅 태리
펴낸곳 (주)테라코타 **출판등록** 2023년 1월 13일 제2024-000080호
주소 서울시 용산구 원효로 128 e-테크벨리오피스텔 907호
메일 terracotta_book@naver.com
인스타그램 @terracotta_book

ISBN 979-11-93540-39-8 (03190)

* 이 책의 전부 또는 일부 내용을 재사용하려면 반드시 사전에 저작권자와
  (주)테라코타의 동의를 받아야 합니다.
* 인쇄·제작 및 유통상의 파본 도서는 구입하신 서점에서 바꿔드립니다.
* 책값은 뒤표지에 있습니다.